Sistema e Tópica na Interpretação do Ordenamento

SISTEMA E TÓPICA NA INTERPRETAÇÃO DO ORDENAMENTO

MÁRCIA DE OLIVEIRA FERREIRA APARÍCIO
LUIZ FELIPE AMARAL CALABRÓ
GISELE SANTOS FERNANDES GÓES
ANA PAULA ORIOLA DE RAEFFRAY
MÔNICA AGUIAR
ALEXIS AUGUSTO COUTO DE BRITO

RENAN LOTUFO
(Coord.)

Desembargador aposentado do Tribunal de Justiça do Estado de São Paulo.
Professor da Pontifícia Universidade Católica de São Paulo (PUC-SP) e
do Centro de Extensão Universitária (CEU). Coordenador de curso de
pós-graduação *lato sensu* da Escola Paulista da Magistratura.
Presidente do Instituto de Direito Privado (IDP).

MinhaEditora

Manole

Projeto gráfico: JOIN Bureau

Editoração eletrônica: Acqua Estúdio Gráfico

Capa: Nelson Mielnik e Sylvia Mielnik

Dados Internacionais de Catalogação na Publicação (CIP)
(Câmara Brasileira do Livro, SP, Brasil)

Sistema e tópica na interpretação do ordenamento /
Renan Lotufo, coord. – Barueri, SP : Manole, 2006.

Vários autores.
Bibliografia.
ISBN 85-204-2405-8

1. Direito - Teoria 2. Hermenêutica (Direito) 3. Tópica (Direito)
I. Lotufo, Renan.

05-9939 CDU-340.132.6

Índices para catálogo sistemático:
1. Sistema e tópica : Interpretação jurídica :
Direito positivo 340.132.6

1ª edição 2006

Editora Manole Ltda.
Avenida Ceci, 672 – Tamboré
06460-120 – Barueri – SP – Brasil
Tel.: (11) 4196-6000 – Fax: (11) 4196-6021
www.manole.com.br
info@manole.com.br

Impresso no Brasil
Printed in Brazil

Sumário

Prefácio

É uma alegria apresentar mais uma obra coletiva de trabalhos que abordam temas de Teoria Geral do Direito.

Na fase atual do Direito brasileiro, a referência à Tópica deve-se ao Professor Tercio Sampaio Ferraz Junior, que ofereceu, em 1979, a tradução da obra de Theodor Viehweg, *Tópica e Jurisprudência*. Obra que não foi reeditada apesar de esgotada.

Mais recentemente, a Professora Judith Martins-Costa apresentou ao público *A Boa-Fé no Direito Privado:* Sistema e Tópica no Processo Obrigacional.

Neste livro, temos estudos que demonstram a imprescindibilidade do método sistemático fundado nos princípios, como evidenciado nas lições de Karl Larenz, Claus-Wilhelm Canaris e Franz Bydlinsky, sem negar o papel importante da Tópica na integração, quer das cláusulas gerais, quer dos termos indeterminados, quer nas lacunas dos ordenamentos.

Como se tem falado muito no Poder Discricionário do Juiz, é extremamente importante, nessa nova fase do Direito brasileiro, buscarmos maior precisão do que entendemos por incompletude do sistema, qual a real extensão das cláusulas gerais, se elas são expressas em termos indeterminados ou não e se sua interpretação, ou sua integração pelos juízes, é atividade discricionária ou balizada pelos princípios. É evidente que para se falar em integração, termos indeterminados, há que se verificar se ocorre ou não colisão com a legislação precedente, que ignorava tal técnica legislativa, bem como se é oportuno ou não a utilização da Tópica.

É nesse quadro que temos uma ordem na apresentação dos trabalhos: 1) "Cláusulas gerais: a incompletude satisfatória do sistema", de Márcia de Oliveira Ferreira Aparício; 2) "A real amplitude das lacunas nas cláusulas gerais", de Luiz Felipe Amaral Calabró; 3) "Termos jurídicos indeterminados: interpretação ou discricionariedade judicial? Ênfase nos princípios jurídicos", de Gisele Santos Fernandes Góes; 4) "A integração da norma e a atividade judicante", de Ana Paula Oriola de Raeffray; 5) "A colisão entre as normas do novo Código Civil e as leis especiais em vigor: aplicação de princípio jurídico", de Mônica Aguiar; e 6) "Princípios e *topoi*. A abordagem do sistema e da tópica na ciência do Direito", de Alexis Augusto Couto de Brito.

Espero que todas estas contribuições sirvam para o debate aprofundado dos temas e que tenhamos maior facilidade na interpretação do nosso Direito positivo.

Renan Lotufo

1 Cláusulas Gerais: A Incompletude Satisfatória do Sistema

Márcia de Oliveira Ferreira Aparício[*]

[*] Procuradora do Estado de São Paulo, mestranda na área de Direito Civil na Pontifícia Universidade Católica de São Paulo (PUC-SP).

1.1 INTRODUÇÃO

O conceito de Direito é questão largamente discutida entre os estudiosos e as respostas variam dentro do espectro tridimensional fato-valor-norma.

Os jusnaturalistas clássicos entendem o Direito como advindo de uma instância divina, inspiradora de um ideal de Justiça, que o homem não poderia mudar, por independer da sua vontade. Representados por santo Tomás de Aquino, identificam na denominada *lei eterna* a norma fundamental da qual deriva a validade de todas as demais. A lei eterna representa o justo, e a norma que dela não se deduza será lei iníqua, irracional, desrespeitadora da racionalidade prática, da razoabilidade, da reta razão. A *reta razão* constituiria a razão prática, a informar a produção de regras de comportamento, e seria cognoscível por todos os homens independentemente de revelação, porque todos estaríamos dotados da razão, uma *luz natural,* esta sim advinda de Deus.[1] O Direito estaria restrito aos valores morais necessários à convivência social. A lei humana contentar-se-ia com a proibição dos vícios mais graves, que prejudicariam a vida em sociedade.

Nos séculos que se seguiram ao apogeu da Escolástica, o Direito separou-se da teologia e da ética. As correntes normativistas observam a impossibilidade de se conceber com objetividade o que seria o justo. O conceito do justo, afirma Kelsen, não poderia ser definido por uma Teoria Pura do Direito – uma ciência – porque é questão que não pode ser respondida cientificamente.[2]

Para Bobbio, o estudo de uma teoria completa e coerente do positivismo jurídico implicaria remontar-se à filosofia política de Thomas Hobbes.

---

[1] MORCHON, Gregorio. *Teoria del derecho*: fundamentos de teoria comunicacional del derecho, p.283 e segs.

[2] KELSEN, Hans. *Teoria geral do direito e do Estado*, p.9.

> Segundo Hobbes – ressalta Bobbio –, efetivamente não existe outro critério do justo e do injusto fora da lei positiva, quer dizer, fora do comando soberano. (...) Hobbes é um racionalista, e como para todos os racionalistas, também para Hobbes o que conta é que a conclusão seja tirada rigorosamente das premissas. (...) Na passagem do estado da natureza ao Estado civil, os indivíduos, transmitindo todos os seus direitos naturais ao soberano, transmitem-lhe também o direito de decidir o que é justo e que é injusto; e assim, desde o momento em que o Estado civil é constituído, não há outro critério do justo e do injusto que não seja a vontade do soberano.[3]

Os normativistas, na realidade, substituem Deus pelo Estado, a lei eterna pela norma fundamental, e direito justo passa a ser o direito positivado, que integra um ordenamento jurídico, sistematicamente organizado e capaz de fornecer respostas, soluções, a todas as questões que lhes são postas. A escola da exegese, que surgiu na França após o Código Civil napoleônico, foi a precursora das correntes normativistas e caracterizava-se pela admiração incondicional da obra de codificação do legislador, uma verdadeira confiança cega na suficiência das leis. Instituía-se o dogma da completude.[4]

A reação ao fetichismo legislativo começou em fins do século XIX. Um dos autores que teve participação significativa nessa reação foi o jurista alemão Eugen Erlich e sua escola do Direito livre, que tinham como alvo o dogma da completude do ordenamento jurídico. Explica Bobbio:

> A batalha da escola do Direito livre contra as várias escolas da exegese é uma batalha pelas lacunas. (...) Os sustentadores da nova escola afirmam que o Direito constituído está cheio de lacunas e, para preenchê-las, é necessário confiar principalmente no poder

---

3 BOBBIO, Norberto. *Teoria da norma jurídica*, p.59-60.
4 Idem, p.121.

> criativo do juiz, ou seja, naquele que é chamado a resolver os infinitos casos que as relações sociais suscitam, além e fora de toda a regra pré-constituída.[5]

Duas seriam as principais razões da reação ao normativismo jurídico: o envelhecimento das codificações e as rápidas transformações sociais ocorridas após a Revolução Industrial.[6] O normativismo não podia mais responder às necessidades da realidade social, extremamente mutável, o que teria levado Erlich a afirmar que "(...) nos dias de hoje, como em qualquer outra época, o centro de gravidade do desenvolvimento do direito não se encontraria na legislação, nem na ciência jurídica, nem na jurisprudência, mas na própria sociedade".[7]

A redução das fontes do Direito às relações sociais é vício tão grave quanto o de dar preeminência ao normativismo exacerbado. O excesso dos sociologistas é, assim, tão evidente quanto são os exageros dos normativistas, dos filósofos e dos jusnaturalistas. Cada um pretende a prevalência da sua "verdade"; atém-se à própria árvore, ignorando a floresta, ou seja, a função que incumbe ao Direito, que é a de propiciar uma solução justa ao caso concreto.

Uns apontam a importância da busca dos valores significativos ao indivíduo, mas desconsideram a necessidade de se observar a realidade social; outros ressaltam a importância do ordenamento jurídico sistematizado, subestimando as lacunas do ordenamento jurídico e as formas de supri-las; há os que exageram na crítica à dicotomia entre o sistema jurídico e a realidade social, e desconsideram a importância da unidade do sistema na aplicação do Direito.

A solução parece-nos a do meio-termo. Fala-se, assim, em um *novo modelo de código*.

---

5 Idem, p.123.

6 Idem, p.125.

7 *Apud* CAMPILONGO, Celso Fernandes. *Direito e democracia*, p.14.

> Hoje, a sua inspiração, mesmo do ponto de vista da técnica legislativa, vem da Constituição, farta em modelos jurídicos abertos. Sua linguagem, à diferença do que ocorre com os códigos penais, não está cingida à rígida descrição de *fattispecies* cerradas, à técnica casuística. Um código não-totalitário tem as janelas abertas para a mobilidade da vida, pontes que o ligam a outros corpos normativos – mesmo os extrajurídicos – e avenidas, bem trilhadas, que o vinculam, dialeticamente, aos princípios e regras constitucionais.[8]

Isso não implica o abandono do pensamento sistemático, como pretende Viehweg, mas impõe a ampliação da base de incidência do discurso jurídico-científico. Todos os processos de realização do Direito, todos os fatores que interferem, justificam ou explicam as decisões jurídicas devem ser incluídos no discurso juscientífico.[9]

Cláusulas gerais e conceitos indeterminados permitirão ao Direito uma aproximação à realidade social, à diversidade de ocorrências; permitirão o recurso aos valores que integram o sistema jurídico; enfim, propiciarão ao Direito a busca de soluções apropriadas, que atendam às particularidades do caso concreto.

O *novo pensamento sistemático* operacionalizará a adequação entre Direito e realidade, ao admitir a busca externa ao sistema conduzida pela sua própria unidade interior, o que permitirá ao intérprete a escolha das soluções sistêmicas e não-sistêmicas que sejam adequadas.

O presente capítulo abordará o conceito de sistema e sua utilidade prática; o conceito de cláusulas gerais como fórmula de abertura e de mobilidade do sistema jurídico; tratará, por fim, do *novo pensamento sistemático,* que teoriza acerca da integração e aplicação das cláusulas gerais, admitindo o pensamento não-sistematizado, sem,

---

[8] MARTINS-COSTA, Judith. *A boa-fé no direito privado*: sistemática e tópica no processo obrigacional, p.285.

[9] CORDEIRO, Antônio Menezes. "Introdução". In: CANARIS, Claus-Wilhelm. *Pensamento sistemático e conceito de sistema na ciência do direito.*

contudo, abrir mão do sistema, de sua unidade valorativa, de sua ordenação sistemática e do conteúdo teleológico de suas normas, que fornecem ao intérprete parâmetros à busca e à escolha dentre as possíveis soluções.

1.2 O SISTEMA

1.2.1 Considerações preliminares

O jurista alemão Claus-Wilhelm Canaris observa que, dos inúmeros conceitos que filósofos e estudiosos atribuem a sistema, duas características aparecem constantes: ordenação e unidade. Kant caracteriza-o como "uma unidade, sob uma idéia, de conhecimentos variados"; Stammler, como "uma unidade totalmente coordenada"; Binder, "um conjunto de conceitos jurídicos ordenados segundo pontos de vista unitários". E os sistemas jurídicos, estes também conteriam as duas características fundamentais dos sistemas em geral: a adequação valorativa, resultante do dimensionamento e da ordenação de seus elementos e a unidade interior.[10]

Bobbio trata da questão de maneira diversa e vincula a característica da unidade ao ordenamento jurídico, associando a coerência ao conceito de sistema. A unidade decorreria da construção escalonada do ordenamento, segundo a qual cada norma encontra seu fundamento de validade na norma que lhe é superior, até o limite da norma fundamental, termo unificador de todas as normas que compõem o ordenamento jurídico.[11] A coerência das relações entre as normas hierarquizadas, deduzidas umas das outras, resultaria em uma totalidade ordenada, o sistema, em que estariam ausentes anti-

---

[10] CANARIS, Claus-Wilhelm. *Pensamento sistemático e conceito de sistema na ciência do direito*, p.10-1.

[11] BOBBIO, Norberto. *Teoria do ordenamento jurídico*, p. 49.

nomias, normas incompatíveis entre si. Menciona ainda a questão da incompletude, em casos em que o sistema não previsse solução a determinado caso concreto. A incompletude no sistema decorreria de lacuna no ordenamento jurídico, ou seja, ausência de norma que proibisse ou que permitisse certo comportamento.

O pensamento de Canaris pressupõe o ordenamento jurídico como um sistema. A sistematização é exigência ético-jurídica que emana da própria idéia de Direito. Ao tratar das características da ordenação (adequação valorativa) e da unidade, refere-se ao ordenamento sistematizado. A unidade do sistema percebida por Canaris assemelha-se à coerência, tratada por Bobbio, mas vai além: não se limita à exigência da ausência de antinomias, normas contraditórias; demanda a fixação de critérios e princípios gerais, pouco numerosos, que garantam que a ordem do Direito não se disperse numa multiplicidade de valores singulares e desconexos.

Para Canaris, a exigência da ordenação do sistema decorre especialmente do postulado de justiça, de tratar o igual de modo igual e o diferente de forma diferente, de acordo com a medida de sua diferença: tanto o legislador como o juiz devem observar e considerar os valores possíveis, em toda sua profundidade e conseqüências singulares; ou seja, devem *proceder com adequação*. A adequação racional é a característica da ordem no conceito de sistema e, por isso, a regra da adequação valorativa, retirada do princípio da igualdade, constitui a primeira indicação decisiva para a aplicação do pensamento sistemático na ciência do Direito.[12]

Já a unidade interna da ordem jurídica impõe ao intérprete que ele considere o ordenamento como um todo, em si, significativo. Fundamenta-se também no princípio da justiça e nas suas concretizações (princípio da igualdade e tendência para a generalização). Justifica-se ainda por colimar o valor supremo da segurança jurídi-

---

[12] CANARIS, Claus-Wilhelm. Op. cit., p.18.

ca, considerada em todas as suas manifestações: determinabilidade e previsibilidade do Direito, estabilidade e continuidade da legislação e jurisprudência, praticabilidade da aplicação do Direito.[13]

O conceito de sistema jurídico revelará, portanto, 1) uma adequação valorativa, que decorrerá da ordenação de seus elementos, e 2) uma unidade interior da ordem jurídica. E ainda que não seja o único conceito encontrado na ciência jurídica, parece-nos de grande utilidade prática na interpretação e integração das normas e lacunas do sistema, como ainda veremos; mais que isso, parece-nos conceituação que enfrenta a realidade da incompletude do sistema e oferece parâmetro ao intérprete e aplicador do direito para que possa lidar com segurança com os conceitos indeterminados, normas em branco, lacunas, contradições entre princípios, injustiças.

1.2.2 O conceito de sistema

A ordenação a que se submetem os componentes do ordenamento jurídico, explica Canaris, deve dar-se de maneira teleológica, com a ampliação do conceito lógico-formal de sistema para inserirlhe a função de realização de escopos e de valores.

Isso não implica necessidade de verificação da justeza material dos elementos do sistema. Exige-se a adequação formal da valoração, considerando-se o princípio da igualdade no seu aspecto formal. Vale dizer:

> uma vez legislado um valor (primário), deve-se pensar em todas as suas conseqüências até o fim, transpô-lo para os casos comparáveis, solucionar contradições com outros valores já legislados e evitar contradições derivadas do aparecimento de novos valores.[14]

---

[13] Idem, p.22.

[14] Idem, p.75.

A caracterização do sistema como uma ordem teleológica não é suficiente, no entanto, à sua completa conceituação. Há ainda que se considerar os elementos que informam a unidade interna e a adequação da ordem jurídica. São aqueles elementos que, na multiplicidade dos valores singulares, tornam claras as conexões interiores do sistema. São os *valores fundamentais*, os *princípios gerais* de uma ordem jurídica, apurados por detrás da lei e da *ratio legis*.[15]

A missão do sistema científico é tornar visível e mostrar a conexão de sentido inerente ao ordenamento jurídico como um todo coerente. Para isso serve a descoberta dos princípios directivos e a sua concretização nos conteúdos regulativos, a formação de conceitos determinados pela função e de tipos jurídico-estruturais. Para esse efeito, pressupõe-se sempre que as regras do Direito e os diferentes complexos de regulação estão de facto entre si numa conexão de sentido, quer dizer, que são algo mais do que uma aglomeração de normas particulares baseada na "arbitrariedade" do legislador ou noutros factores mais ou menos casuais.[16]

A unidade do sistema reconduz, como a ordenação valorativa, ao princípio da igualdade, que exige, de um lado, a ausência de contradições na ordem jurídica (a coerência referida por Bobbio), e de outro, critérios e princípios gerais e abstratos, que garantam que a ordem do Direito não se disperse numa multiplicidade de valores singulares e desconexos, o que lhe exige a fixação de critérios relativamente pouco numerosos.[17]

> O sistema deixa-se, assim, definir como uma ordem axiológica ou teleológica de princípios gerais de Direito, na qual o elemento de adequação valorativa se dirige mais à característica de ordem teleológica e o da unidade interna à característica dos princípios gerais.[18]

---

[15] Idem, p.76.

[16] LARENZ, Karl. *Metodologia da ciência do direito*, p.694.

[17] CANARIS, Claus-Wilhelm. Op. cit., p.21.

[18] Idem, p.77.

As vantagens de se estabelecer a unidade do sistema com base em princípios gerais, e não com base em outros elementos também gerais, como conceitos, normas, institutos jurídicos ou valores, são apontadas por Canaris.

A utilização de sistema de *normas gerais* seria inadequada, pois a conexão aglutinadora de normas, ensejadora da pretendida unidade, não poderia ser também uma norma.[19] Só uma pequena parte dos princípios unificadores e significantes do sistema formulam-se em normas, justamente por serem estas de flexibilidade extremamente limitada.[20]

O sistema de *conceitos gerais* também seria impróprio à adequação valorativa e unidade interior do Direito, pois as valorações que eles contêm encontram-se implícitas, e a percepção dos valores neles insertos ocorre de maneira muito mais complicada do que com os próprios princípios. "No conceito (bem elaborado) a valoração está implícita; o princípio, pelo contrário, explicita-a e por isso ele é mais adequado para extrapolar a unidade valorativa do Direito", ensina Canaris.[21]

O sistema dos *institutos jurídicos* também não permitiria imediata visualização da valoração unificadora. Além disso, eles não se reportam, em regra, a um único valor, mas a um conjunto de idéias jurídicas distintas, uma ação conjunta de princípios. "Um sistema com eles formado iria exprimir a unidade da ordem jurídica de modo fragmentário, pois a conexão ainda mais profunda entre os institutos não se tornaria visível".[22]

O entendimento do sistema como ordem de valores, esse seria possível. Canaris ressalta, no entanto, que os princípios possuiriam um grau de concretização maior do que o valor; ocupariam o ponto

---

[19] O termo *norma* é aqui utilizado na acepção, que, para Dworking, denominar-se-ia *regra*, conforme veremos mais à frente.

[20] CANARIS, Claus-Wilhelm. Op. cit., p.81.

[21] Idem, p.83.

[22] Idem, p.85.

intermediário entre conceito e valor. Os princípios estariam suficientemente determinados para compreenderem uma indicação sobre as conseqüências jurídicas, sem, entretanto, esconderem a valoração (o que ocorre com o conceito).

Os elementos unitários constitutivos do sistema jurídico são, assim, os princípios gerais de Direito. Quatro seriam as características que lhe permitiriam o cumprimento de sua função sistematizadora: os princípios não valem sem exceção e podem entrar em oposição ou contradição entre si; eles não têm a pretensão da exclusividade; eles ostentam o seu sentido próprio apenas numa combinação de complementação e restrição recíprocas; eles precisam, para a sua realização, de concretização por meio de subprincípios e de valores singulares, com conteúdo material próprio.[23]

Não é incomum, portanto, que os princípios de um mesmo sistema entrem em contradição. Seu sentido próprio, muitas vezes, exsurgirá da combinação de complementação e de restrição recíprocas entre princípios. A ausência de pretensão de exclusividade significa que uma mesma conseqüência jurídica, característica de determinado princípio, também pode ser conectada a outro princípio.[24]

1.2.3 A abertura e a mobilidade do sistema

Abertura e mobilidade do sistema são conceitos que não se confundem, na acepção conferida por Canaris, e desempenham importante papel na discussão jurídica atual.

A conceituação do que seja sistema aberto pressupõe a análise de dois lados do conceito de sistema: o sistema científico e o sistema objetivo.

A abertura do sistema científico significa a incompletude e a provisoriedade do conhecimento científico, a modificação do siste-

---

[23] Idem, p.88-97.
[24] Idem, p.89-92.

ma na hipótese de terem sido obtidos novos e mais exatos conhecimentos do Direito vigente. O sistema sempre admitirá a reelaboração científica e o progresso.

A abertura do sistema objetivo representa a possibilidade de aperfeiçoamento do sistema com modificação de seus princípios constitutivos, fundamentais. Essa modificação não se processará com saltos bruscos, mas em desenvolvimento paulatino e contínuo.[25] A modificação não incumbirá somente ao legislador, conforme entendimento da doutrina tradicional das fontes do Direito; também não se restringirá à mera descoberta de valores que já se encontravam imanentes ao sistema jurídico, como sugerem outros. "Existe 'uma ordem jurídica extralegal'; as modificações no sistema podem também partir dela", afirma Canaris, citando Wieacker.[26]

Alguns autores vêem na designação *sistema aberto* uma contradição em termos, pois a abertura completa implicaria a assistematização. O problema, como se verá, é menos de essência que de terminologia.

Judith Martins-Costa, atendendo ao que considera rigor técnico, designa o sistema com as expressões *relativamente aberto* ou sistema de *auto-referência relativa*. Ensina a autora que a *auto-referência relativa*

> indica o modelo de sistema que, embora guardando as propriedades fundamentais da *reunião* dos elementos que o compõem, da *relação ordenada* entre estes (e daí a idéia da *ordem*) e *unidade entre elementos* – e não a mera justaposição, porque os elementos supõem uma certa identidade, caracterizada em especial sob o aspecto da não-identidade com o que está fora do sistema –, permite a contínua absorção dos dados e elementos que estão às suas margens, promovendo, em relação a estes, uma permanente *ressistematização*.[27]

---

[25] Idem, p.106-8.

[26] Idem, p.118.

[27] MARTINS-COSTA, Judith. Op. cit., p.275, nota de rodapé.

A mobilidade do sistema não se confunde com sua abertura, seja científica ou objetiva. O conceito de mobilidade adotado por Canaris é aquele sugerido por Wilburg. Na sua teoria acerca da responsabilidade civil, observa Canaris,

> Wilburg recusa procurar um princípio unitário que solucione todas as questões da responsabilidade indenizatória e coloca, nesse lugar, uma multiplicidade de pontos de vista que ele caracteriza como "elementos" ou como "forças móveis". (...) A conseqüência jurídica só surge – e isto é decisivo – "a partir da concatenação destes elementos, segundo o seu número e peso". As "forças" não são, pois, "absolutas, de dimensões rígidas, antes decidindo o efeito conjunto de sua articulação variável".[28]

As cláusulas gerais, Canaris trata-as, inicialmente, como puras cláusulas de eqüidade, relacionando-as praticamente ao arbítrio, tanto que apresenta a mobilidade do sistema em determinadas áreas como solução de meio-termo entre as previsões normativas firmes e as cláusulas gerais. Mais adiante, afirma que não se deve abandonar as cláusulas gerais à eqüidade, ao pensamento tópico, devendo sempre interpretá-las à luz do sistema jurídico global. E de fato, parece-nos ser esse o entendimento que deve prevalecer.

O que se vislumbra quanto ao sistema jurídico brasileiro é que se trata de sistema jurídico aberto, primordialmente imóvel, mas com áreas de mobilidade, que permitem o conhecimento das circunstâncias do caso concreto, sua ponderação de acordo com número e o peso, sem que exista hierarquia entre elas. A conseqüência jurídica será determinada pelo juiz com discricionariedade orientada por princípios ético-jurídicos (justiça, igualdade, dentre outros).

Trata-se do pensamento tópico, devidamente agregado ao pensamento sistemático, que enseja o que se denomina o *novo pensamento sistemático.*

---

[28] CANARIS, Claus-Wilhelm. Op. cit., p.128.

1.2.4 Relevância prática do sistema

O sistema caracteriza-se como uma ordenação axiológica ou teleológica, uma adequação valorativa de princípios gerais de Direito, que lhe dão unidade interna; sua importância prática vislumbra-se no seu próprio conceito.

Se o sistema é uma ordenação teleológica ou axiológica, o argumento sistemático implica capacidade de derivação teleológica ou valorativa, entendendo-se derivação não no sentido de dedução lógica mas de ordenação valorativa.[29]

A ordenação teleológica, deste modo, permite-nos entender uma norma questionada não como fenômeno isolado, mas como parte do todo. De outro lado, a ordenação teleológica de uma nova previsão normativa pode implicar, em certas situações, o enriquecimento ou modificação interior do sistema. Existe, assim, um processo dialético de esclarecimento duplo entre uma nova norma e o sistema.[30]

A formação de uma sistema jurídico completo, sem lacunas, ou quebras, ou injustiças materiais, não é, no entanto, objetivo que já se tenha alcançado, e a incompletude do sistema é fato que deve ser simplesmente reconhecido e aceito.

> Há na própria idéia de Direito um elemento imanente contrário a sistema e, designadamente, a chamada "tendência individualizadora" da justiça que contracenando com o pensamento sistemático – assente na "tendência generalizadora"! – tem como conseqüência o surgimento de normas que *a priori* se opõem à determinação sistemática. "Quebras no sistema" e "lacunas no sistema" são, por isso, inevitáveis.[31]

---

[29] Idem, p.153.
[30] Idem, p.156.
[31] Idem, p.199.

O sistema é aberto, permeável a modificações e aperfeiçoamentos. Em caso de quebras, lacunas, injustiças, admitir-se-á o recurso à interpretação criativa do juiz e a critérios extralegais, desde que acompanhados de justificação especial.

Também nas hipóteses em que o sistema for dotado de alguma mobilidade (o que ocorre em algumas áreas do Direito), com previsões normativas não-casuísticas (as cláusulas gerais), ou lacunas voluntárias, será admitido ao juiz o exercício de seu poder criativo, com recurso a critérios intra e extralegais.

Seja no preenchimento de lacunas, seja na aplicação de cláusulas gerais, a unidade interna do sistema, com seus princípios fundamentais, será parâmetro a ser observado pelo aplicador do Direito. Também a ordenação teleológica dos elementos que já integram o sistema poderá balizar a escolha das soluções pelo intérprete. Temos, assim, que o sistema possui limites, inerentes ao próprio objeto a que ele se refere, o Direito. O reconhecimento desses limites, no entanto, não diminui a importância do sistema, como instrumento de auxílio no cumprimento da função do Direito, que é a busca da justiça.

As cláusulas gerais são propositadamente não-casuísticas, utilizadas em determinadas áreas do Direito, para facilitar ao intérprete a identificação dos valores que envolvem o problema, com a apreensão da realidade social. Incumbir-lhe-á o sopesamento dos elementos ou forças móveis envolvidas para que se obtenha a solução individualizadora de justiça àquele caso concreto.

As cláusulas gerais, portanto, constituem meio legislativamente hábil para permitir o ingresso, no ordenamento jurídico, de princípios valorativos, expressos ou ainda não-expressos legislativamente, de *standards*, máximas de conduta, arquétipos exemplares de comportamento, das normativas constitucionais e de diretivas econômicas, sociais e políticas, viabilizando a sua sistematização no ordenamento positivo.[32]

---

[32] MARTINS-COSTA, Judith. Op. cit. p.274.

Representam o próprio sistema admitindo suas limitações. São a *incompletude satisfatória* do sistema.[33]

1.3 AS CLÁUSULAS GERAIS

1.3.1 Considerações preliminares

Nas codificações francesa e alemã que abriram e fecharam o século XIX, as cláusulas gerais já apareciam, mas sua utilização e aplicação somente se estabeleceram com a superação da mentalidade jus positivista do aplicador do Direito, que via nesses preceitos insegurança e incerteza, decorrente do suposto arbítrio a ser empregado pelo juiz no julgamento do caso concreto.

A própria aprovação do BGB na Alemanha de 1896 foi acompanhada de fortes críticas ao caráter elástico de algumas disposições e ao apelo demasiado freqüente ao poder discricionário do juiz. Nos *Motivos*, que instruíram o código, manifestou-se perplexidade diante do espaço que a nova legislação reservava à participação do juiz, a propósito do § 138, que previa a nulidade de negócio jurídico que atentasse contra os bons costumes.[34]

Ainda assim, as cláusulas gerais foram efetivamente aplicadas na República de Weimar, cuja relação do direito com a lei encontrava-se já marcada pelos ensinamentos de Savigny e seu *direito vivente*, que buscava as raízes do Direito no espírito do povo ou na consciência da comunidade, afastando-se do denominado direito legal, de caráter artificial e arbitrário. Quando entrou em vigor o código, encontrava-se firmada certa base cultural da comunidade jurídica, inclusive da judiciária, que permitiu, apesar das críticas menciona-

---

[33] A designação constitui alusão, *a contrario sensu*, à terminologia utilizada por Engisch acerca das lacunas do sistema, que constituiria sua "incompletude insatisfatória". In: ENGISCH, Karl. *Introdução ao pensamento jurídico*, p.276.

[34] MARTINS-COSTA, Judith. Op. cit., p.288.

das, que fosse a lei vislumbrada não como limite intransponível à criação do direito, mas como ponto de partida.[35] Após a Primeira Guerra Mundial, no entanto, verificou-se uma fuga das cláusulas gerais, devido ao medo que decorreria de sua eventual utilização por juízes débeis e inseguros, que poderiam render-se às influências do regime político. Elas constituíam o risco de atribuir-se ao juiz um poder discricionário que poderia acabar no arbítrio.[36]

Essa cautela, neste passo, não se justifica, e a utilização das cláusulas gerais impõe-se como solução possível à clara insuficiência do direito positivado diante da imprevisibilidade dos casos concretos, que se fez evidente no decorrer do século XX.

A inflação legislativa minou a ideologia da unidade legislativa e a suposta segurança que essa unidade proporcionava.

> O sentido da quebra da unidade legislativa está em que não é mais possível acomodar, num mesmo e harmônico leito, todos os interesses, porque não há apenas um único sujeito social a ser ouvido, não há mais um sujeito comum, como aquele desenhado na esteira da Revolução Francesa pelo princípio da igualdade, abstrata, frente à lei.[37]

Percebe-se, neste ponto, a impossibilidade de reduzir-se toda a realidade em esquemas rígidos e predeterminados.[38] Nascem assim os novos modelos de código, em que a linguagem não está cingida à rígida descrição de *fattispecies* cerradas, à técnica casuística; um código

---

[35] Idem, p.290.

[36] RESCIGNO, Pietro. "Le clausule generali: dalle codificazioni modern e alla prassi giurisprudenziale". In: PISU, Luciana Cabella & NANNI, Luca. *Clausole e principi generali nell'argomentazione giurisprudenziale degli anni novanta*, p.32.

[37] MARTINS-COSTA, Judith. Op. cit., p.281.

[38] RODOTÁ, Stefano. "La tecnica legislativa per clausole generali in Italia". In: PISU, Luciana Cabella & NANNI, Luca.Op. cit., p.41.

não-totalitário, com as janelas abertas à mobilidade da vida, que se permite ligar a outros corpos normativos ou mesmo extrajurídicos.[39]

As cláusulas gerais integrarão essa nova linguagem. São o símbolo da mudança de um paradigma; o testemunho de que há uma crise e a tentativa de dar-lhe resposta.[40] São o instrumento com que se evitam tensões demasiado fortes entre o sistema jurídico e os dados da realidade, pois elas permitem a adequação da lei à realidade sem a intervenção do legislador.[41] São ponto de partida para criação e realização do Direito.[42]

1.3.2 O conceito de cláusulas gerais

Afirma Karl Engisch que os traços característicos das cláusulas gerais devem ser delineados pela negativa, contrapondo-se o modelo da técnica de legislar mediante cláusulas gerais com o modelo da técnica de legislar por meio da casuística. O modelo da cláusula geral seria o da não-casuística.[43]

No modelo da casuística, a que se opõe o modelo das cláusulas gerais, o legislador especifica à exaustão os elementos que compõem a hipótese de incidência, limitando o trabalho do intérprete à subsunção do fato à norma.[44] O legislador fixa minuciosamente os critérios para aplicar uma certa qualificação jurídica a determinados fatos, deixando pouco espaço para que o intérprete determine o sentido e o alcance da norma.[45]

O modelo da cláusula geral, em vez de traçar pontualmente a *fattispecie* e as suas conseqüências, desenha-se intencionalmente com uma

---

[39] MARTINS-COSTA, Judith. Op. cit., p.285.
[40] RODOTÁ, Stefano. Op. cit., p.53.
[41] Ibidem, p.42.
[42] MARTINS-COSTA, Judith. Op. cit., p.292.
[43] ENGISCH, Karl. *Introdução ao Pensamento Jurídico*, p.228.
[44] MARTINS-COSTA, Judith. Op. cit., p.286.
[45] Idem, p.297.

vaga moldura, fluida, aberta, permitindo, pela abrangência de sua formulação, a incorporação de valores, princípios, diretrizes e máximas de conduta, originariamente estrangeiros ao *corpus* codificado.[46] São afrouxamentos planejados da vinculação legal, para efeitos de ajustamento da decisão às circunstâncias particulares do caso concreto.[47]

A imprecisão semântica, a denominada vagueza, não é traço característico exclusivo das cláusulas gerais, muito embora possamos referi-la como requisito que lhes é indispensável. Essa vagueza não constitui defeito de linguagem, obscuridade. Trata-se de vagueza socialmente típica, intencional ou programática que possibilitará o amoldamento da *fattispecie* normativa às situações novas, sequer possíveis de terem sido previstas quando posto o texto pelo legislador.[48] Pietro Rescigno designa-as como disposições de conteúdo elástico, para sublinhar o caráter de adaptabilidade dessa norma a situações que o juiz é chamado a conhecer, e sobre as quais deve pronunciar-se.[49] Stefano Rodotá denomina-as "conceito elástico", "conceito válvula", "conceito janela". Designa-as ainda como "noções de conteúdo variável", referentes a valores de uma determinada sociedade em um dado momento histórico.[50]

Os valores podem integrar o próprio sistema, ou encontrar-se fora dele. Não estarão necessariamente na própria cláusula geral, podendo ser referidos por ela, conforme observa Alberto Gosson Jorge Júnior:

> Pelo que se verifica da leitura dos autores que se debruçaram sobre o assunto o ponto que prevalece, ainda que não exclusivamente para a caracterização de uma cláusula geral, está nos valores ou princípios que ela *carrega* ou nos valores ou princípios a que ela

---

[46] Idem, p.286.
[47] ENGISCH, Karl. Op. cit., p.280.
[48] Idem, p.312.
[49] RESCIGNO, Pietro. Op. cit., p.31.
[50] RODOTÁ, Stefano. Op. cit., p.39.

> *remete*. Sob este último prisma, os valores nem sempre estariam delineados na norma, por vezes, também não seriam encontrados no sistema jurídico, pelo que alguns doutrinadores costumam salientar que a cláusula geral *envia* a valores fora do sistema.[51]

Neste ponto, poder-se-iam confundir cláusulas gerais e princípios, devido à carga valorativa que em regra ambos carregam. As cláusulas gerais, no entanto, não são propriamente princípios, ainda que os contenham muitas vezes em seus enunciados.

O vocábulo "princípio" possui significado extremamente amplo, suscetível de inúmeros sentidos. Genaro Carrió, por exemplo, relaciona sete focos de significação diversos que se vinculariam ao conceito de princípio: 1. núcleo básico; 2. regra, guia, orientação geral; 3. fonte geradora, causa, origem; 4. finalidade, objetivo, propósito, meta; 5. premissa, ponto de partida inalterável, axioma, essência; 6. regra prática de conteúdo evidente, verdade ética inquestionável; 7. máxima, aforisma, provérbio, peça de sabedoria prática que nos vem do passado e traz consigo o valor da experiência acumulada e o prestígio da tradição.[52]

Em essência, o que aduzem doutrinadores, legisladores e jurisprudência é que os princípios constituem fundamento de um conjunto de normas, ou emanadas ou ainda a serem.[53] Constituem valores fundamentais que legitimam e dão validade a grupos de normas do sistema, ou ao sistema como um todo. Podem ser expressos, consignados em uma formulação legislativa, ou implícitos, identificáveis no conjunto normativo, na racionalidade do próprio sistema.

Ronald Dworking qualifica-os como normas, gênero em que também se enquadrariam as regras. Princípios e regras, no entanto, obedeceriam a diferentes dimensões. As regras seriam aplicadas à manei-

---

51 JORGE JR., Alberto Gosson. *Subsídios para uma interpretação das cláusulas gerais no Novo Código Civil*, p.20.

52 CARRIÓ, Genaro R. *Notas sobre derecho y lenguage*, p.209.

53 MARTINS-COSTA, Judith. Op. cit., p.321.

ra disjuntiva, que é a maneira do tudo ou nada: ou a regra é válida e deve ser aplicada, ou a regra é inválida. Os princípios encontrar-se-iam em dimensão diversa, que é a dimensão de peso e importância.

> O intérprete, ao aplicar a norma que consigna um princípio, deve ter em conta o seu *peso*, podendo um mesmo princípio ser ou não "aplicado" num determinado caso concreto, sem perder, contudo, a sua validade no sistema.[54]

As cláusulas gerais carregam, no mais das vezes, princípios e valores. Nesses casos, poderíamos vislumbrar, cumulativamente, em uma só norma, princípio e cláusula geral. Os conceitos, no entanto, ainda que coincidam em alguns momentos, são diversos. Não pode haver cláusula geral não-expressa, ou implícita. Há cláusulas gerais que não contêm princípios, mas apenas referem princípios e valores. É da essência das cláusulas gerais a possibilidade do reenvio a outros espaços do ordenamento que não o dos princípios, e mesmo a valores extrajurídicos e extra-sistemáticos. E, por fim, há princípios jurídicos que não contêm conceitos dotados de vagueza semântica, e que não poderiam integrar a sistemática das cláusulas gerais.

A distinção de cláusulas gerais e conceitos indeterminados também nos parece oportuna. Os conceitos indeterminados podem referir-se a realidades fáticas ou a valores, e confusão entre esses conceitos e as cláusulas gerais cinge-se, evidentemente, aos conceitos indeterminados que refiram valores.

A distinção, para Karl Engisch, seria de grau, e não de natureza. Afirma o autor:

> De facto, as cláusulas gerais não possuem, do ponto de vista metodológico, qualquer estrutura própria. Elas não exigem processos de pensamento diferentes daqueles que são pedidos pelos conceitos

---

54 Idem, p.319.

> indeterminados, os normativos e os discricionários. (...) O verdadeiro significado das cláusulas gerais reside no domínio da técnica legislativa. Graças à sua generalidade, elas tornam possível sujeitar um mais vasto grupo de situações, de modo ilacunar e com possibilidade de ajustamento, a uma conseqüência jurídica.[55]

Judith Martins-Costa afirma que a diferença estaria no plano funcional, exigindo-se do juiz, na aplicação da cláusula geral, maior amplitude no exercício do seu poder criativo do juiz. E numa certa medida, afirma que o processo de pensamento das cláusulas gerais difere do processo de pensamento do conceito indeterminado. É que a vagueza semântica dos conceitos indeterminados permite alguma abertura a mudanças de valoração. O procedimento de aplicação da norma possuidora de conceito indeterminado, no entanto, seria o da subsunção, ao contrário do que ocorre com as cláusulas gerais. O juiz realizaria mera interpretação da norma para subsumir-lhe determinado fato.[56]

A cláusula geral, ao contrário, exige que o juiz concorra ativamente para a formulação da norma. Explica Judith Martins-Costa:

> Enquanto nos conceitos indeterminados o juiz se limita a reportar ao fato concreto o elemento (vago) indicado na *fattispecie* (devendo, pois, individuar os confins da hipótese abstratamente posta, cujos efeitos já foram predeterminados legislativamente), na cláusula geral a operação intelectiva do juiz é mais complexa. Este deverá, além de averiguar a possibilidade de subsunção de uma série de casos-limite na *fattispecie*, averiguar a exata individuação das mutáveis regras sociais às quais o envia a metanorma jurídica. Deverá, por fim, determinar também quais são os efeitos incidentes ao caso concreto, ou, se estes já vierem indicados, qual a graduação que lhes será conferida no caso concreto, à vista das possíveis soluções existentes no sistema.[57]

---

[55] ENGISCH, Karl. Op. cit., p.233.
[56] MARTINS-COSTA, Judith. Op. cit., p.326.
[57] Idem, p.326.

1.3.3 A função das cláusulas gerais

As cláusulas gerais integram as áreas de mobilidade do sistema, em que o Direito e o justo são obtidos mediante a identificação de elementos ou forças móveis da situação concreta, seguida da concatenação desses elementos pelo juiz e seu poder criativo, segundo o seu número e peso, para sua posterior decisão.

As cláusulas gerais auxiliam a abertura do sistema, seu contato com as constantes mudanças sociais e valores fundamentais de uma determinada sociedade, permitindo-lhe reelaboração científica e até modificação, ainda que paulatina, de princípios que lhe sejam fundamentais.

Explica Judith Martins-Costa:

> As cláusulas gerais têm a função de permitir a abertura e a mobilidade do sistema jurídico. Esta mobilidade deve ser entendida em dupla perspectiva, como mobilidade externa, isto é, a que "abre" o sistema jurídico para a inserção de elementos extrajurídicos, viabilizando a "adequação valorativa", e como mobilidade interna, vale dizer, que promove o retorno, dialeticamente considerado, para outras disposições interiores do sistema.[58]

Para Menezes Cordeiro, a principal função da cláusula geral é a de "salvaguardar uma margem mínima para integrar no sistema ocorrências impossíveis de prefigurar nos meios legislativos clássicos" pois "o Direito (...) está sujeito a modificações sociais; ainda quando a lei não reaja, a ordem jurídica deve fazê-lo".[59]

As cláusulas gerais são, portanto, a ponte entre o sistema e a realidade social, entre o sistema e os valores da sociedade. Constituem um dos instrumentos que auxiliam a abertura e a mobilidade do sis-

---

58 Idem, p.341.

59 *Apud* MARTINS-COSTA, Judith. Op. cit., p.341.

tema, necessárias à consecução da função primordial do Direito, que é a busca da Justiça.

1.4 O NOVO PENSAMENTO SISTEMÁTICO

O conceito de sistema, que se admite incompleto, aberto e com mobilidade em certas áreas, está intimamente ligado ao denominado *novo pensamento sistemático.*

As cláusulas gerais, que integram as áreas de mobilidade do sistema e auxiliam-no em sua abertura, permitindo-lhe eventual reelaboração científica e até modificação de princípios que lhe sejam fundamentais, também guardam profunda conexão com o *novo pensamento sistemático.*

O *novo pensamento sistemático* reconhece a importância do pensamento lógico-formal, tradicionalmente denominado pensamento sistemático. Observa o sistema e reafirma sua importância prática. Mas não pode furtar-se em apontar a incompletude do sistema, suas lacunas, cláusulas gerais, antinomias, enfim, sua incapacidade de ser um sistema rígido e fechado e ainda assim responder às constantes modificações sociais e seus reflexos nos princípios e valores essenciais de uma determinada sociedade.

O *novo pensamento sistemático* recorre, assim, a outras formas de pensamento, especialmente ao pensamento tópico, desenvolvido por Aristóteles e Cícero e reintroduzido por Theodor Viehweg nos círculos jurídicos em meados do século XX, inspirado pela obra de Vico, de 1708.

> Mesmo autores como Claus-Wilhelm Canaris e Antônio Menezes Cordeiro, que adotam posição eminentemente crítica à aplicação do raciocínio tópico no direito, admitem o fato de sua irrupção, setorial, na integração de certas lacunas, no manuseio de conceitos indeterminados e na concreção de cláusulas gerais, por forma a

ocorrer uma "complementação mútua" entre o pensamento tópico e o pensamento sistemático.[60]

De fato, a concreção das cláusulas gerais exige do aplicador que se afaste do pensamento axiomático-dedutivo para aproximar-se do denominado pensamento tópico, sob pena de se tornarem as cláusulas gerais verdadeiramente inúteis, destituídas de sua função.

Todo problema objetivo e concreto, observa Viehweg, provoca claramente um jogo de suscitações.[61] A tópica, ou arte da invenção, é a técnica de pensamento que se orientará para o problema, analisando-o de diversos ângulos, a partir de pontos de vista que sejam considerados relevantes e consensualmente aceitos: os *topoi*.

Viehweg, observe-se desde logo, condena o pensamento sistemático (lógico-dedutivo) como opção à busca a soluções jurídicas satisfatórias. Para ele, o fato de o pensamento sistemático proceder do todo, implica uma seleção de problemas e o afastamento daqueles que não se ajustam ao quadro normativo.[62] Esses problemas ficariam congelados no tempo, à espera da intervenção inovadora do legislador.[63] Viehweg chega mesmo a afirmar a inexistência de um sistema jurídico, ante a constante irrupção do pensamento tópico no trabalho do intérprete e aplicador, seja na utilização da própria linguagem natural, seja na compreensão do simples estado das coisas.[64]

O *novo pensamento sistemático*, como já observamos, reconhece a existência do sistema e afirma sua importância, afastando-se, nesse ponto, dos ensinamentos de Viehweg. A importância do pensamento tópico, no entanto, também é reconhecida e afirmada pelo *novo pensamento sistemático* para aplicação em certas áreas do sistema, propiciando-lhe abertura e mobilidade.

---

60 MARTINS-COSTA, Judith. Op. cit., p.355.
61 VIEHWEG, Theodor. *Tópica e jurisprudência*, p.31.
62 Idem, p.34.
63 MARTINS-COSTA, Judith. Op. cit., p.358.
64 VIEHWEG, Theodor. Op. cit., p.51.

Assim, nos casos em que não haja regulação legislativa sobre determinada matéria (lacunas) ou em que a norma seja intencionalmente desenhada com uma vaga moldura, fluida, aberta, restará ao aplicador

> recorrer a diversos pontos de vista mais ou menos procedentes, experimentá-los em face do problema e ponderá-los uns perante os outros, isto é, proceder em termos tópicos, num movimento característico da tópica, fortemente orientado para o problema singular e, até, para o caso concreto no qual surge o remeter há muito dominante – para a "vontade hipotética das partes".[65]

Como aponta Judith Martins-Costa,

> [o] estilo de pensar tópico flexibiliza (...) a formação da arquitetura conceitual abstrata característica do pensamento lógico-dedutivo. Mais do que isso, a vinculação constante com o "problema" impede a formação de um pensamento linear, limitado às operações de dedução e redução, como ocorre com a atividade de subsunção.[66]

No caso das cláusulas gerais, a subsunção não é possível. O aplicador não conseguiria, nem que quisesse, simplesmente identificar os elementos da norma e da situação concreta para subsumir o fato à norma. Para aplicar uma cláusula geral, o aplicador do Direito deverá determinar seu campo e seu grau de extensão, concretizando o valor ao qual ela reenvia; deverá ainda definir pontualmente as suas conseqüências. Encontrará, deste modo, distintas alternativas à solução do caso concreto e deverá buscar-lhe uma resposta única.[67] A escolha não é simplesmente arbitrária, mas decorrente de ponderações e valorizações que se reportam aos precedentes, opiniões consolidadas doutrinariamente, usos e costumes, soluções de Direito

---

65 CANARIS, Claus-Wilhelm. Op. cit., p.270.
66 MARTINS-COSTA, Judith. Op. cit., p.364.
67 Idem, p.367.

comparado, aspectos sociais que envolvam a questão, valores fundamentais que se encontrem contrapostos no problema apresentado.[68]

É neste ponto que se devem lembrar as observações de Canaris acerca da tópica, que nos levam mais uma vez a ressaltar a importância do sistema na persecução do justo. Ressalta o autor:

> Em especial, a tópica não consegue oferecer nenhum critério acertado para a resposta à questão decisiva de qual dentre os vários "tópicos", que pela sua natureza apenas podem ser *propostas* de solução, se deve reconhecer a primazia; só o sistema pode, em regra, cumprir esta função de escolha.[69]

Repita-se, assim, o que já se disse acerca da importância prática do sistema, especialmente no que concerne à integração e aplicação de cláusulas gerais.

A unidade interna do sistema, com seus princípios fundamentais, auxilia o intérprete e aplicador do Direito na compreensão das cláusulas gerais, seja para encontrar no próprio sistema os princípios gerais de Direito, especialmente os não-expressos, que balizarão sua aplicação, seja para guiá-lo na sua busca em critérios extralegais, que se encontram fora do sistema jurídico. Assim, embora a integração das cláusulas gerais seja efetuada com auxílio do pensamento tópico, que é não-sistemático, a ordem jurídica global sempre será considerada.[70]

1.5 CONCLUSÃO

O sistema constitui ordem axiológica ou teleológica de princípios gerais de Direito. Seus elementos são teleologicamente valora-

---

[68] Idem, p.368.

[69] CANARIS, Claus-Wilhelm. Op. cit., p.287.

[70] Idem, p.273.

dos, e os princípios gerais de Direito, seus valores fundamentais, dão-lhe a unidade interior.

A ordenação teleológica permite-nos entender uma norma questionada não como um fenômeno isolado, mas como parte do todo. A própria ordenação de nova previsão normativa também implicará, em certas situações, um enriquecimento ou modificação interior do sistema.

A unidade interior da ordem jurídica impõe ao intérprete que ele pressuponha e entenda o ordenamento como um todo, em si, significativo. Ela reconduz ao princípio da igualdade, que exige, de um lado, a ausência de contradições na ordem jurídica e de outro, critérios e princípios gerais e abstratos, que garantam que a ordem do Direito não se disperse numa multiplicidade de valores singulares e desconexos. Exige-se-lhe, portanto, a fixação de critérios relativamente pouco numerosos, que representem os valores fundamentais da ordem jurídica.

O sistema possui limites inerentes ao próprio objeto a que ele se refere, o Direito. O reconhecimento desses limites não afeta a importância do sistema, como instrumento de auxílio no cumprimento da função do Direito, que é a busca da justiça.

As cláusulas gerais são não-casuísticas, utilizadas em determinadas áreas do Direito, para facilitar ao intérprete a identificação dos valores que envolvem o problema, com a apreensão da realidade social.

Constituem o meio legislativamente hábil para permitir o ingresso, no ordenamento jurídico, de princípios valorativos, expressos ou ainda não-expressos legislativamente, de *standards*, máximas de conduta, arquétipos exemplares de comportamento, das normativas constitucionais e de diretivas econômicas, sociais e políticas. Representam o próprio sistema admitindo suas limitações. São a *incompletude satisfatória* do sistema.

O *novo pensamento sistemático* reconhece a importância do pensamento lógico-formal. Observa o sistema e reafirma sua importância prática. Mas não se furta em apontar a incompletude do sistema, suas lacunas, cláusulas gerais, antinomias, enfim, sua incapacidade de ser um sistema rígido e fechado, e ainda assim responder às constantes modificações sociais e seus reflexos nos princípios e valores essenciais de uma determinada sociedade. Admite o recurso, com efeito, outras formas de pensamento, especialmente ao pensamento tópico, que no caso das cláusulas gerais, é de aplicação fundamental.

O pensamento tópico flexibiliza a formação da arquitetura conceitual abstrata característica do pensamento lógico-dedutivo. A vinculação constante com o "problema" impede a formação de um pensamento linear, limitado às operações de dedução e redução, como ocorre com a atividade de subsunção. O aplicador da cláusula geral, deste modo, determina seu campo e seu grau de extensão, concretizando o valor ao qual ela reenvia e define pontualmente as suas conseqüências. Encontra, deste modo, distintas alternativas à solução do caso concreto.

A escolha dentre as soluções possíveis não é arbitrária, mas decorrente de ponderações e valorizações que se reportam aos precedentes, opiniões consolidadas doutrinariamente, usos e costumes, soluções de Direito comparado, aspectos sociais que envolvam a questão, valores fundamentais que se encontrem contrapostos no problema apresentado.

A tópica, no entanto, não conseguirá oferecer nenhum critério acertado para a resposta à questão decisiva de qual dentre os vários tópicos, que pela sua natureza apenas podem ser *propostas* de solução, deve-se reconhecer a primazia. Só o sistema poderá, em regra, cumprir esta função de escolha.[71]

A unidade interna do sistema auxiliará o intérprete e aplicador do Direito na compreensão das cláusulas gerais, seja para encontrar no próprio sistema os princípios gerais de Direito que balizarão sua aplicação, seja para guiá-lo na sua busca em critérios extralegais. Assim, embora a integração das cláusulas gerais seja efetuada com

---

[71] Idem, p.287.

auxílio do pensamento tópico, que é não-sistemático, a ordem jurídica global sempre será considerada.

As cláusulas gerais são o símbolo da mudança de um paradigma; o testemunho de uma crise e a tentativa de dar-lhe resposta.[72] O sistema e o *novo pensamento sistemático* constituirão parâmetro à integração e à aplicação dessas cláusulas. Elas, assim, constituirão o instrumento com que se evitarão tensões demasiado fortes entre o sistema jurídico e os dados da realidade, pois permitirão a adequação da lei à realidade sem a intervenção do legislador.[73] Serão o ponto de partida para criação e realização do Direito e de sua função: a Justiça.

1.6 BIBLIOGRAFIA

BOBBIO, Norberto. *Teoria da norma jurídica*. 2.ed. São Paulo, Edipro, 2003.

______. *Teoria do ordenamento jurídico*. 10.ed. Brasília, UnB, 1999.

______. *Teoria della scienza giuridica*. Turim, Giappicheli, 1950.

______. *Dalla struttura alla funzione*. Milão, Edizione do Comunitár, 1984.

CAMPILONGO, Celso Fernandes. *Direito e democracia*. 2.ed. São Paulo, Max Limonad, 2000.

CANARIS, Claus-Wilhelm. *Pensamento sistemático e conceito de sistema na ciência do direito*. 3.ed. Trad. A. Menezes Cordeiro. Lisboa, Fundação Calouste Gulbenkian, 2002.

CARRIÓ, Genaro R. *Notas sobre derecho y lenguage*. 4.ed. Buenos Aires, Abeledo-Perrot, 1994.

ENGISCH, Karl. *Introdução ao pensamento jurídico*. 7.ed. Lisboa, Fundação Calouste Gulbenkian, 1996.

FERRAZ JR., Tercio Sampaio. *Introdução ao estudo do direito*: técnica, decisão, dominação. 4.ed. São Paulo, Atlas, 2003.

---

72 RODOTÁ, Stefano. Op. cit., p.53.

73 Ibidem, p.42.

FREITAS, Juarez. *A interpretação sistemática do direito.* 3.ed. São Paulo, Malheiros, 2002.

JORGE JR., Alberto Gosson. *Subsídios para uma interpretação das cláusulas gerais no novo Código Civil.* São Paulo, 2003. Dissertação (Mestrado). Pontifícia Universidade Católica de São Paulo (PUC-SP).

KELSEN, Hans. *Teoria geral do direito e do estado*. São Paulo, Martins Fontes, 2000.

LARENZ, Karl. *Metodologia da ciência do direito.* 3.ed. Lisboa, Fundação Calouste Gulbenkian, 1997.

MARTINS-COSTA, Judith. *A boa-fé no direito privado*: sistemática e tópica no processo obrigacional. São Paulo, Revista dos Tribunais, 1999.

MAXIMILIANO, Carlos. *Hermenêutica e aplicação do direito*. 15.ed. Rio de Janeiro, Forense, 1995.

MORCHON, Gregorio Robles. *Teoria del derecho*: fundamentos de teoria comunicacional del derecho. Madri, Civitas, 1998, v.I.

RESCIGNO, Pietro. "Le clausule generali: dalle codificazioni modern e alla prassi giurisprudenciale". In: PISU, Luciana Cabella & NANNI, Luca (coords.). *Clausole e principi generali nell´argomentazione giurisprudenziale degli anni novanta.* Padova, Cedam, 1998.

RODOTÁ, Stefano. "La tecnica legislativa per clausole generali in Italia". In: PISU, Luciana Cabella & NANNI, Luca (coords.). *Clausole e principi generali nell´argomentazione giurisprudenziale degli anni novanta.* Padova, Cedam, 1998.

VIEHWEG, Theodor. *Tópica e jurisprudência.* Brasília, Imprensa Nacional, 1979 (col. Pensamento Jurídico Contemporâneo).

2 A Real Amplitude das Lacunas nas Cláusulas Gerais

Luiz Felipe Amaral Calabró[*]

[*] Especialista em Processo Civil e mestre em Direito Civil pela Pontifícia Universidade Católica de São Paulo (PUC-SP). Advogado da Bolsa de Valores de São Paulo (Bovespa).

2.1 INTRODUÇÃO

Um dos principais desafios do jurista e do legislador[1] contemporâneo é fazer com que o Direito[2] seja atual e eficaz e ao mesmo tempo sirva de diretriz para a orientação do comportamento e condutas humanas.

Neste sentido, por um lado, o Direito deve servir de diretriz para o comportamento humano, prescrevendo condutas, discernindo as ações proibidas das ações permitidas e estabelecendo os valores a serem seguidos pela sociedade. De outro lado, o Direito deve-se amoldar às mudanças sociais, a fim de realmente gerar efeitos práticos e não apenas constituir "letra morta" reiteradamente descumprida pelos jurisdicionados.

Apenas a título de ilustração, essa dupla função do Direito se assemelha, em muito, à relação entre pai e filho: os pais, por serem mais experientes e já possuírem conhecimento sólido dos fatos e valores sociais, educam seus filhos, transmitindo-lhes valores, prescrevendo-lhes condutas, proibindo determinadas atitudes e fomentando outras. Nesse viés, os pais estabelecem e transmitem as regras e os valores que entendem serem os mais apropriados para proporcionar o correto desenvolvimento da personalidade dos seus filhos e a harmonia do lar.

Porém, para desenvolver esse mister, os pais devem aprender com os filhos, compreendendo e percebendo a realidade por eles enfrentada, para verificar se as regras e valores transmitidos podem ser seguidos e aplicados na prática, considerando as novas características do cenário real da nova geração.

---

[1] Hoje em dia percebemos que, cada vez mais, o legislador convida juristas célebres para auxiliar e desenvolver projetos de lei.

[2] Direito, aqui entendido como o conjunto de normas jurídicas (ordenamento jurídico).

Assim, para que a educação transmitida realmente atinja seu objetivo, será conveniente que os pais entendam a linguagem de seus filhos, as dificuldades por eles enfrentadas, seus comportamentos, interesses e amizades, uma vez que, com base em tais elementos, os pais decidirão qual será o conteúdo das regras e dos valores a serem transmitidos, quais as regras e valores que serão relativizados e quais as regras e valores que serão colocados como fundamentais e inderrogáveis.

Após a consideração e exame de todas as características básicas do cenário real, a educação transmitida possuirá um potencial de eficácia e receptividade muito mais elevado do que uma educação que seja transmitida com base em dogmas ultrapassados, em desuso e sem respaldo na realidade contemporânea.

Percebe-se, portanto, a flagrante relação entre o vínculo demonstrado no exemplo citado e o que ocorre com o Direito. No Direito, o legislador, ao elaborar uma norma, está inserido num determinado contexto de realidade social que o influencia na decisão de quais as regras e valores que devem ser estabelecidos na lei para que esta atinja seu objetivo (que considerado de forma abstrata é o bem comum).

Se o legislador elabora a norma sem observar a realidade social na qual estão inseridos seus destinatários, esta norma já nascerá completamente injusta ou desatualizada, o que comprometerá, em muito, a sua eficácia.

Além disso, mesmo que o legislador considere todas as nuanças da realidade social para a elaboração da norma, o fato é que esta realidade pode ser completamente modificada, relativizada, ou até suprimida, no decorrer da evolução da complexidade social, o que também acabará comprometendo a efetividade da norma elaborada.

O desafio de manter o Direito sempre atual e eficaz é, portanto, incomensurável, posto que envolve as três perspectivas do Direito: a) seu aspecto formal, sintático (hierarquia das leis, estrutura sintática das leis, precisão de conceitos etc.); b) seu aspecto semântico, de conteúdo (significação dos termos da norma, valores a serem empregados e estabelecidos etc.); e c) seu aspecto pragmático, ou seja, a aplicação do Direito, o cumprimento das normas etc.

A necessidade do Direito ser atual e eficaz já era prevista há tempos, e foi muito bem reduzida a termo pelo jurista Leon Duguit[3] ao iniciar um circuito de palestras na Universidade de Direito de Buenos Aires em 1910:

> Las leyes positivas, los Códigos pueden permanecer inactos en sus textos rígidos: poco importa; por la fuerza de las cosas, bajo la presión de los hechos, de las necesidades prácticas, se forman constantemente instituiciones jurídicas nuevas.
> Soy de aquellos que piensan que el Derecho es mucho menos la obra del legislador que el producto constante e espontaneo de los hechos.

No mesmo sentido, Norberto Bobbio[4] enfatiza

> il diritto non è um sistema de regole già poste e tramandate ma un insieme di regole in movimento, da porre e da riproporre continuamente, oggetto della scienza giuridica debbono essere non tanto le regole, cioè le valutazioni dei fatti sociali in cui consistono le regole, ma gli stessi fatti sociali di cui le regole giuridiche sono valutazioni.

Ressalve-se que não se quer dizer que, em nome da eficácia e da atualidade, o Direito deva incorporar injustiças que ocorram na realidade. Não. A realidade muitas vezes nos apresenta fatos que não deveriam ocorrer, que não são benéficos para a sociedade. Mas dizer que o Direito deve ser atual não quer significar, logicamente, que se a realidade é injusta o Direito também deva ser injusto.

---

[3] DUGUIT, Leon. *Las Tranformaciones Generales del Derecho Privado desde el Codigo de Napoleón.*

[4] BOBBIO, Norberto. *Dalla struttura alla funzione*: nuovi studi di teoria del diritto, 1984, p.50.

Ora, o que se quer dizer é que estes fatos maléficos que ocorrem na realidade devem ser considerados, a fim de que se descubra a melhor forma de evitá-los.

Em outras palavras, se uma conduta maléfica é praticada reiteradamente na sociedade, como o tráfico de drogas, o conveniente é analisar a realidade dessa conduta, tentando buscar suas causas e sua forma de procedimento, a fim de se descobrir a melhor forma de proibir tal conduta, seja estabelecendo sanções severas para os transgressores, seja pelo fomento à educação e prevenção, seja pelo diferenciado tratamento jurídico das partes envolvidas (no exemplo, o diferenciado tratamento jurídico conferido a traficantes e usuários de drogas).

Dessa forma, percebe-se que o cientista do Direito, assim como o legislador e o sociólogo, deve estar devidamente atento às realidades sociais e aos valores que devem ser aspirados pela sociedade, posto que esses elementos serão decisivos para fundamentar as opiniões e o trabalho de cada um desses partícipes da sociedade.

Assim, lutar pela efetividade do Direito é uma tarefa árdua e completamente atual, posto que nunca se criticou tanto o Poder Judiciário e o Legislativo. Os processos judiciais demoram anos e não apresentam as soluções almejadas pelos jurisdicionados, e as leis sempre são taxadas de injustas, desatualizadas, ineficazes, entre outros adjetivos pejorativos.

Tal como constatado por Norberto Bobbio,[5] o mundo jurídico está carente de concretude e efetividade; os direitos foram declarados e garantidos pelas constituições e pela lei, principalmente nos países que adaptaram em suas constituições as disposições da Declaração Universal dos Direitos Humanos,[6] mas passada essa fase de declarar e garantir, resta conferir concretude e efetividade a tais princípios e valores.

---

5 BOBBIO, Norberto. *A era dos direitos.*

6 Em 1948.

Ocorre que os fatos sociais afloram de forma complexa e por mais rotineira que seja a relação jurídica concreta, sempre estará em jogo mais de um princípio, mais de uma norma jurídica.

A abordagem de uma relação jurídica concreta pelo operador do Direito geralmente se dá pelo emprego de um conjunto de normas e princípios jurídicos, o que nos possibilita tirar duas conclusões fundamentais que se relacionam deveras com o tema das cláusulas gerais:

a) complexidade dos fatos sociais impossibilita que o legislador confira completude ao ordenamento jurídico. Em outras palavras, não é possível que o ordenamento jurídico possua uma norma específica para cada fato social peculiar.
   Nesse sentido, convém mencionar a opinião do jurista Canaris,[7] segundo o qual a completude do ordenamento jurídico é objetivo inalcançável e até desnecessário: inalcançável, posto que o Direito não é criado pronto e acabado, mas, sim, por partes; as leis vão sendo elaboradas na medida em que se tornem necessárias e na medida em que a matéria por elas tratadas já se encontrarem devidamente assentadas na sociedade; e desnecessário, posto que é da própria natureza do Direito possuir normas generalizadoras;

b) fato de o operador do Direito sempre aplicar mais de uma norma ou mais de um princípio ao caso concreto, acarreta a necessidade de se estudar o Direito como um sistema.
   Convém mencionar a opinião de Karl Larenz,[8] segundo o qual a tarefa mais importante da jurisprudência científica consiste na descoberta de conexões de sentido em que as normas e regulações particulares se encontram entre si e com os princípios diretivos do ordenamento jurídico e a sua exposição de um modo ordenado, que possibilite a visão de conjunto – na forma de sistema.

---

[7] CANARIS, Claus-Wilhelm. *Pensamento sistemático e conceito de sistemática da ciência do direito.*

[8] LARENZ, Karl. *Metodologia da ciência do direito.*

Então, o atual cenário jurídico mundial aponta para a seguinte preocupação: qual a melhor forma de dar concretude e efetividade aos princípios do ordenamento jurídico, considerando que os fatos sociais estão cada vez mais complexos e variados?

Dentro desse panorama, a inserção das cláusulas gerais nas normas é um expediente que visa justamente proporcionar elasticidade e flexibilidade ao sistema jurídico, a fim de que este possa atingir seus objetivos, acompanhando a evolução da realidade social, sem a necessidade de se elaborarem novas leis a cada mudança social que ocorra.

A cláusula geral, por sua abrangência semântica, permite que o magistrado lhe confira conteúdo de acordo com o exame dos casos concretos objetos de julgamento.

Assim, o ordenamento jurídico, ao se utilizar das cláusulas gerais, proporciona duas operações simultâneas que viabilizam um potencial maior de efetividade e concretude às normas jurídicas.

Seria, em linguagem coloquial, uma "via de mão dupla": a cláusula geral reenvia o aplicador do Direito aos princípios e valores inspiradores do ordenamento jurídico, cumprindo, portanto, com a primeira função do Direito que é a de servir como diretriz para o comportamento humano.

Por outro lado, tendo em vista que o conteúdo da cláusula geral será integrado pelo magistrado por ocasião do julgamento de cada caso concreto, a cláusula geral permite que o Direito possua efetividade e atualidade, posto que os fatos sociais novos ou não previstos expressamente por leis específicas poderão ser enquadrados nas cláusulas gerais pelo magistrado, sem que seja necessária a elaboração de uma nova lei específica prevendo, em detalhes, o tratamento jurídico deste novo fato social.

Da mesma forma, caso um valor jurídico seja relativizado ou até suprimido da prática social, bastará que o magistrado modifique a forma de valorizar o caso concreto para conferir conteúdo à cláusula geral, possibilitando que a norma jurídica que contém a cláusula geral seja sempre atual e possua fundamento de validade na realidade social.

Neste sentido, uma norma jurídica que não contenha cláusula geral e que, ao revés, regule detalhadamente uma conduta, por meio de termos com rigor semântico acentuado e que inviabilizem maiores interpretações, apesar de conferir segurança jurídica, corre o grande risco de ficar completamente desatualizada, engessando o magistrado que será obrigado a aplicar a norma mesmo sendo ela desatualizada e sem fundamento de validade na realidade social.

O problema que surge, porém, é analisar como o magistrado realizará este mister de conferir conteúdo às cláusulas gerais e se a vaguidade[9] ou abrangência semântica da cláusula geral constitui realmente uma lacuna do Direito.

É neste momento, portanto, que se coloca em pauta a questão da existência e amplitude de lacuna na cláusula geral, que é o tema deste presente trabalho.

Após essa breve e singela introdução, esperamos ter esclarecido os pontos fundamentais que inspiraram este presente trabalho e que são a seguir sintetizados:

a) o Direito deve servir de diretriz para o comportamento humano, regulando as condutas, mas, ao mesmo tempo, deve acompanhar a evolução dos fatos sociais, não podendo, portanto, ser constituído por dogmas ultrapassados e sem respaldo nos valores e práticas vigentes na realidade social;

b) a complexidade dos fatos sociais impossibilita a completude do ordenamento jurídico, no sentido de que não é possível que o ordenamento preveja, detalhadamente, todas as hipóteses em que se podem apresentar, na prática, as condutas reguladas pela norma jurídica;

---

[9] Sobre o conceito de "vagueza", ver LUZZATI, Claudio. *La vaguezza delle norme*: un'analisi del linguaggio giuridico.

c) o grande desafio do jurista e do legislador é conferir efetividade e atualidade ao Direito num cenário de realidade social no qual as informações são transmitidas de forma veloz, as mudanças ocorrem rapidamente e as relações são cada vez mais complexas;

d) faz-se mister estudar o Direito como sistema;

e) o que é mais importante: conferir segurança jurídica, por um sistema fechado,[10] com normas constituídas de termos com rigor semântico que viabilizem apenas uma interpretação possível, mesmo correndo o grande risco de que essa norma passe a ser completamente desatualizada,[11] ante uma mudança dos fatos sociais ou forma de interpretação dos valores que suportam tal norma; ou conferir maior elasticidade ao ordenamento jurídico, por meio das cláusulas gerais, possibilitando que o conteúdo semântico da norma seja composto de acordo com cada caso concreto, considerando todos os aspectos da complexidade de cada fato social e possibilitando a incorporação de novas formas de interpretação de valores e a tutela de fatos não previstos expressamente nas normas?;

f) as cláusulas gerais possuem a função de serem diretrizes ao comportamento humano e, ao mesmo tempo, serem especificadas de acordo com tal comportamento, posto que seu conteúdo será conferido pelo magistrado, por ocasião do julgamento dos casos concretos, o que possibilitará ao Direito incorporar e tutelar novos fatos sociais e novas formas de interpretação de valores sociais e jurídicos;

g) o problema que surge é verificar a existência e a amplitude de lacunas no âmbito das cláusulas gerais e de que forma tal lacuna

---

[10] Tal como ocorreu na Escola da Exegese.

[11] Ou injusta.

será preenchida pelo magistrado, ou seja, como se dará a operação de conferir conteúdo às cláusulas gerais.

2.2 OBJETO DE ESTUDO

O presente trabalho terá apenas a pretensão de apresentar algumas considerações sobre a existência e amplitude das lacunas no âmbito das cláusulas gerais. O tema é deveras rico e polêmico e não há pretensão de se esgotar todos os diversos enfoques que podem ser conferidos à matéria.

Entendemos que a matéria referente aos critérios a serem empregados para preencher as lacunas (tópica, teoria da decidibilidade, integração etc.), apesar de se relacionar, em muito, com o presente tema, ensejaria um outro trabalho minucioso, que tratasse especificamente das formas de preenchimento das lacunas nas cláusulas gerais.

Para evitar confusões e delongas, o objetivo será constatar a amplitude das lacunas nas cláusulas gerais, o que já é tarefa árdua, sem adentrar na discussão acerca das formas e critérios para preenchimento das lacunas existentes na cláusula geral. Para tanto, entendemos necessária a fixação das premissas básicas arroladas na introdução.

Neste momento, é importante esclarecer que "os novos fatos sociais complexos", mencionados algumas vezes na introdução, são aqueles que ocorrem no cenário social e que causam repercussões jurídicas, como a nova forma de contratação dos serviços, financiamentos e produtos da atualidade, que causaram a adoção prática dos chamados contratos de longa duração,[12] contratos por adesão, contratos de massa, que acarretaram mudanças sensíveis em todo o direito dos contratos e das obrigações, relativizando o princípio do

---

[12] COUTO E SILVA, Clóvis do. *A obrigação com o processo.*

pacta sunt servanda e destacando a necessidade de positivação dos deveres decorrentes do princípio da boa-fé objetiva. Ou seja, quando mencionamos novos fatos sociais complexos, queremos dizer aqueles fatos que ocorrem na prática e que causam repercussões jurídicas consideráveis.

Em continuidade ao trabalho, consideramos interessante também fazer um pequeno paralelo entre o sistema jurídico fechado e o sistema jurídico aberto, posto que a partir deste confronto verificamos as vantagens e desvantagens de cada sistema, auxiliando na abordagem da questão das lacunas e das cláusulas gerais.

O conceito de sistema jurídico é utilizado no texto como sendo o conjunto das normas e valores, montado e estruturado pelos cientistas do direito, uma vez que as normas não são elaboradas como sistema, mas, sim, parcialmente, na medida em que se tornam necessárias. Desta forma, no texto do trabalho, o conjunto de normas jurídicas será considerado ordenamento jurídico e o conjunto de normas jurídicas e valores, estruturados pelos juristas com base no método da proporcionalidade, será considerado sistema jurídico.

Por fim, é necessário definir os elementos do tema, tentando apresentar os conceitos de lacuna e de cláusula geral, para, ao final, analisá-los em conjunto e apresentar as conclusões cabíveis.

2.3 A NOÇÃO DE SISTEMA JURÍDICO

Realmente, Emanuel Kant foi muito perspicaz ao declarar que o homem é responsável por "dar ordem ao caos": num cenário de natureza complexo e misterioso, o homem observa, descobre, experimenta, classifica, relaciona, transforma e descreve fenômenos.

Na qualidade de espectador, o homem observa a si próprio e a natureza e passa a conhecer seu mecanismo de atuação, seus ciclos, suas necessidades fisiológicas, os hábitos dos outros animais e as relações de causalidade entre os fenômenos. Desta forma, o homem cria em sua mente as idéias[13] dos objetos da natureza e de si próprio, ordenando-os idealmente, auferindo, portanto, conhecimento.

Esta observação se faz pelos sentidos (visão, tato, paladar, olfato e audição). Orientado pela percepção originada dos sentidos, o homem forma a idéia daquilo que observa e sente reiteradas vezes: o homem percebe que determinados fenômenos se repetem em espaços de tempo determinados, bem como que alguns objetos possuem características semelhantes e outras distintas, sendo possível, portanto, distinguir ou relacionar os objetos em razão de suas diferenças ou semelhanças, formando a idéia de classe, gênero e espécie que foram aperfeiçoadas por Aristóteles,[14] há tempos, nos idos dos anos 384-322 a.C.

Com base nesta percepção, o homem consegue ordenar o caos do estado de natureza, passando a classificar os elementos e ordená-los racionalmente.

Na qualidade de experimentador, o homem interage com a natureza, relacionando-se entre si, com outros animais e com o ambiente circundante, transformando os objetos da natureza em novos produtos, tentando, experimentando, errando e anotando os resultados.

A forma de interação ocorre pela experiência, da ação e da satisfação de suas necessidades fisiológicas. Dentre as diversas possibilidades, o homem escolhe a forma mais adequada de se relacionar com seus semelhantes e com o meio ambiente.

---

[13] Platão entendia que a idéia era a realidade enquanto os objetos eram reflexos das idéias. Para fundamentar sua afirmação, Platão observava que os elementos da natureza que podemos sentir não são eternos: um "cavalo" depois de certo tempo morre, mas a idéia que temos do que seja um "cavalo" permanece eterna. Assim, para Platão, não existe nada na natureza que não tivesse existido antes no mundo das idéias.

Já Aristóteles entendia o contrário: a realidade é o objeto da natureza e a observação deste objeto, por meio dos sentidos, faz criar a idéia. Apesar de concordar com Platão no sentido de que os elementos da natureza fluem, ou seja, não são eternos, Aristóteles entende que a reiteração da observação dos objetos da natureza é que causa a idéia e não o contrário. Para Aristóteles, não existe nada na consciência que não tenha sido experimentado antes pelos sentidos.

[14] ARISTÓTELES. *Poética.*

A opção se dá entre o estado de guerra, regido pela força, ou pela sociedade organizada por regras.

Esta opção, logicamente, somente surgiu após o homem ter aprendido e sofrido com malefícios trazidos pelo estado de guerra.

Isto porque, inicialmente, a relação entre os homens gerou outro estado de "caos": o conflito de interesses de cada ser humano, a guerra por espaço territorial, por comida e até por mulheres. Ou seja, na sociedade primitiva, a propriedade de bens necessários para a sobrevivência do homem era disputada unicamente pela força, vivia-se em estado de guerra.

Posteriormente, o homem cansado da guerra, percebe a necessidade de organizar a forma de relacionamento com seus semelhantes, optando, portanto, pela sociedade organizada por regras, que constitui, na verdade, o fundamento de validade do Direito.

Tal cenário é muito bem refletido nas palavras de Francesco Carnelutti:[15]

> O segredo do direito está exatamente nisto: que os homens não podem viver no caos. A ordem lhe é tão necessária como o ar que respiram. Como a guerra se resume na desordem, assim a ordem se resume na paz. Os homens fazem guerra uns aos outros, mas precisam viver em paz. O que põe fim à guerra é o pactum, e a raiz de pacto é pax. Outra palavra expressiva é a de contrato, que quer dizer no fundo o mesmo: pondo fim à guerra, os homens, em vez de estarem uns contra os outros, tratam de estar juntos.

Ocorre que ao organizar as relações entre os membros da sociedade, o homem se deparou com mais um "caos": a dificuldade de se estabelecer as regras e conciliar os interesses.

O Direito Romano, como sabido, solucionava os conflitos de interesse de acordo com os casos concretos que eram apresentados.

---

[15] CARNELUTTI, Francesco. *Como nasce o direito.*

Não havia, portanto, um sistema de normas gerais que regiam a sociedade romana.

Savigny[16] foi um dos grandes responsáveis por iniciar um trabalho árduo para sistematizar o Direito Romano, identificando as regras jurídicas que apareciam reiteradas nos julgados esparsos e diversos – utilizando-se, para tanto, dos mesmos conceitos de classe, gênero e espécie de Aristóteles (agora obedecendo à relação de imputação e não mais de causalidade como nas ciência naturais) – a fim de extrair os conceitos gerais, que passaram a ser enunciados por máximas ou brocardos jurídicos. Era, portanto, um trabalho de indução, partindo dos casos específicos individuais e concretos, para se elaborar conceitos gerais e abstratos.

Esta sistematização foi importantíssima para se estabelecer relações e proporcionalidade entre os conceitos jurídicos, e constituiu ponto de partida para a criação da própria Teoria Geral do Direito.

Importante considerar, portanto, que, por esse enfoque, a noção de sistema originou-se do processo indutivo, inobstante não ser possível desconsiderar que na própria sociedade romana também existiam valores e princípios jurídicos abstratos: os valores da família, da vida em sociedade, moral etc.

De qualquer forma, o fato é que o sistema jurídico estruturado por meio de relações e de proporcionalidade entre regras foi, indubitavelmente, construído pelo método indutivo: do particular ao geral – inicialmente com a experiência jurídica – do empirismo – do julgamento dos casos concretos e, posteriormente, com a elaboração de conceitos e normas gerais e abstratas, por meio da identificação de regras que apareciam reiteradas e repetidas nos diversos julgados.

Com o estabelecimento das normas mais gerais e abstratas, ressalte-se, derivadas dos julgamentos concretos, o sistema jurídico passou a adquirir formatação, por intermédio da hierarquia de normas: da norma mais geral até a norma mais específica.

---

16 SAVIGNY, Fréderic Karl von. *Sistema de diritto romano attuale.*

Percebe-se, portanto, a dualidade de métodos que se instaurou no sistema jurídico: de um lado o método indutivo: do julgamento dos casos concretos se induz à norma geral; e de outro lado o método dedutivo: descoberta a norma geral, por dedução, podemos chegar à norma individual e concreta.

2.4 O SISTEMA JURÍDICO FECHADO

No curso do desenvolvimento das teorias jurídicas, já partindo da concepção do Direito como sistema, especialmente nos países que adotaram o sistema da *civil law*, o método dedutivo de concepção do sistema jurídico passou a ser mais realçado e valorizado.

Isto se deu, principalmente, em razão da teoria do positivismo jurídico, influenciado pela famosa obra de Hans Kelsen,[17] a Teoria Pura do Direito, que valorizou a concepção formalista do Direito e introduziu a conhecida "pirâmide kelseniana", a qual colocava no topo dela as normas mais gerais como sendo as de maior hierarquia e na base da pirâmide a norma individual e concreta que seria a sentença judicial, sendo que cada norma retirava seu fundamento de validade na norma hierarquicamente superior.

A contribuição de Hans Kelsen para a sistematização do direito foi imensa. Porém, talvez por desatenção e radicalismo de seus seguidores, a Teoria Pura do Direito de Kelsen foi utilizada como justificativa para retirar do âmbito da ciência jurídica qualquer discussão acerca de questões sobre conteúdo da norma, voltando as atenções apenas para as questões formais.

Além disso, os radicalistas positivistas acabaram interpretando a pirâmide kelseniana apenas sob um viés: o viés dedutivo, da norma geral até a norma concreta, esquecendo-se, que o viés indutivo (da norma concreta para a norma geral) também é importante, tanto

---

[17] KELSEN, Hans. *Teoria pura do direito.*

que, como visto, foi o responsável pela própria elaboração do sistema jurídico, quando da sistematização do Direito Romano.

A conseqüência deste radicalismo de interpretação da obra de Hans Kelsen no sentido de formalizar o Direito e de valorizar o viés dedutivo veio a se coadunar, em muito, com um outro movimento importante mais antigo, mas que deixou marcas profundas: o movimento da Escola Exegética, que propugnava pelo sistema fechado, no qual o juiz fosse o escravo da lei e os casos concretos fossem decididos exatamente da forma prevista pelas normas jurídicas gerais e abstratas que continham precisão de conceitos, a fim de possibilitar apenas uma interpretação possível. Nesses termos, a sentença, como norma individual e concreta, seria perfeitamente deduzida da norma geral e abstrata, deixando de lado, portanto, o método indutivo.

Tal concepção foi fomentada, como dito, pelo antigo desiderato da Escola da Exegese, num cenário no qual o intuito maior da sociedade era o de que fosse estabelecido um sistema jurídico tal que proporcionasse segurança jurídica, não dando margens para que o juiz cometesse arbitrariedades, tal como ocorrido outrora no período dos Estados Absolutistas, no qual os nobres eram tratados de forma distinta dos demais, possuindo privilégios e garantias peculiares.[18]

E é neste cenário que surge a concepção do sistema jurídico fechado, no qual o juiz é "escravo da lei", efetuando mero raciocínio dedutivo para a solução dos casos concretos – Escola da Exegese –, repudiando as cláusulas gerais ou princípios que dariam margem às arbitrariedades temidas pelos franceses.

Desta forma, podemos arrolar como características fundamentais do sistema fechado: a) a rígida estrutura formal do sistema; b) a hierarquia de normas jurídicas, sendo que a norma retira seu fundamento de validade na norma hierarquicamente superior; c) a norma

[18] Neste sentido, ver LOTUFO, Renan. *Da oportunidade da codificação civil.* Coletânea de artigos – Revista do Advogado – Novo Código Civil: Aspectos Relevantes. AASP. Dezembro/2002.

mais geral e abstrata possui maior hierarquia do que a norma individual e concreta; d) o juiz atua como "boca da lei", executando a subsunção do fato concreto à norma jurídica posta, e, principalmente, e) a rigidez semântica dos termos empregados nas normas jurídicas, a fim de que a norma possua apenas uma interpretação possível.

2.5 O SISTEMA JURÍDICO ABERTO

Ocorre que de nada vale um sistema jurídico que ofereça segurança jurídica se esse sistema não é atual e é constituído de dogmas ultrapassados. Além da segurança jurídica, que é importante, o Direito deve também se preocupar em ser eficiente, justo e atual.

O fato de que os conflitos jurídicos semelhantes sejam julgados sempre da mesma forma para todos, com base em padrões objetivos e deduzidos perfeitamente de uma norma geral e abstrata, está longe de atingir a finalidade do Direito que é promover o bem comum, servir de diretriz para as condutas humanas e, também, acompanhar a evolução dos fatos sociais que se desenrolam na realidade.

Nesse sentido, principalmente após as atrocidades cometidas na Segunda Guerra Mundial, as atenções foram, novamente, voltadas para o conteúdo do Direito, em especial, para os valores e princípios,[19] a fim de que nenhum ordenamento jurídico, por mais formalmente adequado que fosse, permitisse a ofensa à dignidade da pessoa humana, tal como ocorreu no cenário alemão.

A Segunda Declaração Universal dos Direitos Humanos, em 1948, portanto, constituiu um momento histórico importantíssimo, uma vez que foi a primeira ocasião na qual se inseriu em texto legal os princípios que funcionariam como diretrizes para a elaboração e interpretação do ordenamento jurídico dos Estados, tendo como valor primordial o ser humano.

---

[19] Em especial o princípio da dignidade da pessoa humana.

Após a Segunda Guerra Mundial, que foi indubitavelmente, um grande símbolo da ofensa aos direitos humanos, iniciou-se um processo de constitucionalização dos países que passaram a inserir em suas constituições os direitos fundamentais do ser humano. A partir de então, grande foi a discussão entre os juristas sobre a aplicabilidade prática dos princípios insculpidos nas constituições, especialmente no que tange à seguinte questão: tais princípios seriam apenas força matriz do ordenamento jurídico, ou também deveriam ter força motriz, com aplicabilidade prática direta no caso concreto?

Os direitos derivados do princípio da dignidade humana, por possuírem um grau de abstração elevado e por se desenvolverem à medida que a sociedade evolui com os avanços tecnológicos e adoção de novas formas de conduta, foram tomados nos ordenamentos jurídicos de forma enunciativa e com natureza principiológica, implicando a preocupação dos juristas quanto à proteção e à aplicabilidade prática de tais direitos nos casos concretos.

Além disso, a sociedade do pós-guerra passou por muitos progressos científicos e mudanças nas concepções culturais que concederam aos princípios e valores um grau de complexidade ainda maior.

Neste sentido, podemos citar o fenômeno da globalização que acelerou o processo de transmissão de informações colocando em contato culturas e teorias distintas e a própria ênfase à democracia que enseja o respeito e a convivência entre as mais diversas formas de pensamento.

Ora, a aceleração da mutabilidade dos valores e a complexidade da realidade social colocam em xeque a atualidade e a efetividade do sistema fechado, posto que neste sistema o juiz está preso à letra fria da lei e, ante um aumento da complexidade das relações sociais, será difícil, senão impossível, ao magistrado deduzir das normas jurídicas as soluções para tais casos. Lembre-se de que no sistema fechado os termos das normas possuem rigor semântico, não conferindo elasticidade e atualidade ao Direito.

Ora, observando-se a história, não muito remota, verificamos que até os valores mais abstratos – que em tese são aqueles que demoram mais tempo para se alterarem – foram modificados, ampliados e relativizados em pequeno espaço de tempo. Enfim, os princípios e valores jurídicos ganharam em complexidade e em número.

Vejamos: os direitos fundamentais foram sendo ampliados na medida em que as transformações ocorriam:[20]

a) os direitos de primeira geração atinentes à liberdade e à igualdade, influenciados, sobretudo, pela Revolução Francesa e a Revolução Norte Americana;

b) os direitos de segunda geração referentes aos valores sociais, do trabalho, da solidariedade, influenciados, sobretudo, pela Revolução Russa e pelas teorias marxistas;

c) os direitos de terceira geração relativos aos direitos difusos, proteção do meio ambiente, proteção do consumidor, influenciados, sobretudo, pelo capitalismo crescente e pela criação de Cortes Internacionais de Direito; e

d) agora, fala-se em direitos de quarta geração, que seriam aqueles direitos das minorias, dos excluídos do fenômeno da globalização, dos apátridas etc.

A complexidade e quantidade das diversas formas com que tais direitos podem aparecer no cenário real é impossível de ser captada em sua totalidade por um sistema jurídico fechado, no qual haja a aplicação apenas do método dedutivo para a solução dos conflitos.

Quanto mais complexa for a sociedade, mais difícil será para o Direito prever em suas normas todas as relações possíveis e suas

---

[20] Neste sentido, ver: LAFER, Celso. *A reconstrução dos direitos humanos*: um diálogo com os pensamentos de Hanna Arendt.

derivações, restando, portanto, quase que impossível a elaboração de normas específicas e detalhadas.

Desta forma, para viabilizar a concretude desses direitos é que se pensou na construção de um sistema jurídico aberto, pelo emprego das cláusulas gerais que são deveras conveniente.

Isto porque, as cláusulas gerais são inseridas nas normas para flexibilizar o sistema jurídico e ajustá-lo às rápidas mutações que ocorrem nos valores e práticas sociais, a fim de que a norma não fique desatualizada e contrária à realidade.

A inserção das cláusulas gerais nas normas jurídicas possibilita a retomada da dualidade de métodos de construção do sistema jurídico: o método dedutivo e o método indutivo, o qual foi esquecido durante a vigência das teorias positivistas extremadas.

A cláusula geral possui uma abrangência semântica acentuada, que permite ao magistrado, de acordo com o caso concreto, dar conteúdo à cláusula geral e, com base nela, construir a norma individual e concreta.

Percebe-se, portanto, a principal diferença entre o sistema fechado e o sistema aberto: no sistema fechado, os casos concretos são solucionados apenas por dedução das normas jurídicas; já no sistema aberto, por meio da cláusula geral, os casos concretos são solucionados das duas formas, por dedução das normas gerais, até porque a cláusula geral, por si só, é uma diretriz, e por indução de acordo com as peculiaridades do caso concreto.

Podemos arrolar como características fundamentais do sistema aberto: a) a existência de estrutura formal do sistema; b) a hierarquia de normas jurídicas num viés dedutivo e também num viés indutivo, sendo que a norma retira seu fundamento de validade tanto na norma mais abstrata superior, como na norma mais específica inferior e, c) o mais importante, a abrangência semântica de determinados termos empregados nas normas jurídicas, por meio de cláusulas gerais, a fim de que o magistrado possa lhe conferir conteúdo indutivamente, com base na análise das peculiaridades de cada caso concreto submetido a julgamento.

Importante esclarecer que consideramos sistema aberto aquele que contém cláusulas gerais e também termos com rigor semântico, o que alguns doutrinadores denominam sistema misto: que contém normas detalhadas, com rigor semântico e também normas com cláusula geral.

Assim, quando mencionamos o termo "sistema jurídico aberto" estamos nos referindo a um sistema que contenha tanto normas com cláusulas gerais, como também normas que contenham termos com rigor semântico, distinguindo-se do sistema fechado, que somente possui normas, cujos termos possuem rigor semântico e não conferem elasticidade, flexibilidade e abertura ao Direito.

Por fim, vale notar que o Estado pode adotar para cada ramo do Direito tutelado uma modalidade de sistema jurídico, por exemplo utilizar mais o sistema jurídico fechado para o Direito Penal e o Direito Tributário, e se valer do sistema jurídico aberto para regulamentar as matérias de Direito Civil e Comercial, de acordo com a opção do legislador.

2.6 DEFINIÇÃO DE LACUNA

Conforme mencionado anteriormente, para a correta análise do tema objeto da presente monografia, faz-se mister definir seus elementos, a fim de tentar atribuir coesão lógica ao raciocínio.

Porém, não se trata de propor a definição correta de lacuna – até porque não há definição pacificamente aceita pela doutrina –, mas apenas optar por aquela definição que entendemos mais apropriada para o enfoque do tema e que seja adequada com o que já foi dito até aqui.

Vale ressaltar, portanto, que a questão da lacuna é muito discutida entre os doutrinadores, e até os dias de hoje, não se conseguiu alcançar uma pacificação doutrinária a respeito da existência de lacunas, sendo que entre aqueles que reconhecem a sua existência, há ainda discussão acerca da melhor forma de interpretação e de sua supressão do sistema jurídico.

A discussão acerca da lacuna acirra-se ainda mais nos ordenamentos jurídicos que estabeleceram o *non liquet*, ou seja, o magistrado é obrigado a proferir a sentença, mesmo que a norma seja omissa, mesmo que encontre dificuldades imensas para qualificar juridicamente o caso concreto e achar a solução mais adequada.

No seio desta polêmica, há aqueles, como Hans Kelsen,[21] que nem sequer reconhecem a existência de lacunas, propugnando pela completude do sistema jurídico, afirmando que o ordenamento jurídico sempre poderá ser aplicado, mesmo que não haja norma expressa. Esse mesmo autor justifica seu entendimento mencionando o brocardo da permissão negativa: "o que não é proibido é permitido".

Ocorre que a permissão negativa não é um forte argumento para defender a completude do ordenamento jurídico, tendo em vista que, levando em consideração que a cada direito corresponde um dever de respeito a este direito, a permissão negativa, por não ser regulada, é passível de ser usurpada por terceiro, e neste caso ocorreria um conflito insuperável, a seguir ilustrado:

a) um indivíduo exercita um direito permitido negativamente pelo ordenamento jurídico, ou seja, tendo em vista que não há norma regulando a prática de um ato "A", o indivíduo exercita "A";

b) porém um outro indivíduo exercita um outro direito permitido negativamente pelo ordenamento jurídico, ou seja, tendo em vista que não há norma regulando a prática de um ato "B", este indivíduo exercita "B";

c) ocorre que os atos "A" e "B" são atos incompatíveis e completamente atentatórios entre si, se "A" é praticado "B" é usurpado e vice-versa;

---

[21] KELSEN, Hans. *Teoria geral das normas.*

d) assim, como tanto o ato "A" como o ato "B" são permitidos negativamente, não há solução, a não ser eleger qual a ação que será tolerada e protegida, caindo por terra, portanto, a afirmação: "o que não é proibido é permitido".

Tal raciocínio lembra a afirmação do jurista Luigi Ferri,[22] para quem somente existe liberdade se esta liberdade for garantida e regulada pelo Direito, ou seja, em termos gerais, Ferri entende completamente o oposto da permissão negativa. Para este jurista, poder-se-ia dizer que "o que não é permitido é proibido".

Pelo exposto, entendemos que não há como justificar a completude do ordenamento jurídico com base na permissão negativa.

Cabe ressalvar, porém, que, apesar de entender que o ordenamento jurídico não possui lacunas, Kelsen

> reconhece a importância da teoria das lacunas no âmbito da jurisdição, como um limite ao poder normativo do magistrado. Considerando a lacuna como uma ficção utilizada pelo legislador com a finalidade de restringir o poder de interpretação e de integração conferido aos Tribunais, quando estes constatam a falta de uma determinada norma, na ordem jurídica, para resolver certo caso, "falta essa determinada com base num juízo de valor ético político subjetivo, que é apresentada como impossibilidade lógica da aplicação desta ordem jurídica".[23]

Na mesma esteira de entendimento da completude do sistema jurídico, vale citar a teoria da autopoiese,[24] segundo a qual o sistema é auto-regulável, ou seja, o próprio sistema cria, modifica ou extingue as normas jurídicas que lhe compõem. Neste sentido, não existiria interferência de elementos externos no sistema normativo, consi-

---

[22] FERRI, Luigi. *La autonomia privada.*

[23] DINIZ, Maria Helena. *As lacunas no direito*, p.44.

[24] Neste sentido, ver LUHMANN, Niklas. *Sociologia do direito.*

derando que suas alterações são reguladas e efetivadas por elementos existentes dentro do próprio sistema.

Esta teoria, portanto, em síntese, entende que apenas no interior do sistema é que podem ser localizadas as soluções para os problemas existentes, não sendo correto admitir a existência de lacunas no sistema, uma vez que mesmo não havendo norma expressa tutelando determinado fato, a boa análise do sistema possibilitará a "revelação de norma que existe de modo não expresso, implícito no sistema jurídico".[25]

Pontes de Miranda[26] afirma que esta revelação da norma implícita decorre da interpretação, que consistiria em

> revelar as regras jurídicas que fazem parte do sistema jurídico – pode ter sido escrita e pode não estar escrita, mas existe no sistema, pode estar escrita e facilmente entender-se e apresentar certas dificuldades para ser entendida.

Norberto Bobbio[27] nos apresenta as diversas teorias que se formaram sobre o tema das lacunas, que são:

a) Escola do Direito Livre, que, em síntese, defende a existência de lacunas e é contrária à completude do ordenamento jurídico, uma vez que a sociedade passa por muitas transformações e o direito posto não consegue prever todas as hipóteses em que os conflitos possam aparecer no cenário da realidade;

b) Teoria do Espaço Vazio, que sustenta que não há lacunas, porque onde falta o ordenamento jurídico, falta o próprio Direito e, portanto, deve-se falar mais propriamente de limites do ordenamento jurídico do que em lacunas. Esta teoria trabalha, também, com

---

25 MELO, Marcos Bernardes de. *Teoria do fato jurídico*: plano da existência, p.25.

26 MIRANDA, Pontes de. *Tratado de direito privado*, p.XIII e XIV.

27 BOBBIO, Norberto. *Teoria do ordenamento jurídico*, p.115-60.

o conceito de espaço jurídico irrelevante, ou seja, os fatos não regulados pelo Direito são irrelevantes e foram propositadamente deixados fora do ordenamento pelo legislador;

c) Teoria da Norma Geral Exclusiva, segundo a qual, "uma norma que regula um comportamento não só limita a regulamentação (...) mas ao mesmo tempo exclui daquela regulamentação todos os outros comportamentos. Uma norma que proíbe fumar exclui da proibição, ou seja, permite, todos os outros comportamentos que não sejam fumar. Todos os comportamentos não compreendidos na norma particular são regulados por uma norma geral exclusiva, isto é, pela regra que exclui (por isso é exclusiva) todos os comportamentos (por isso geral) que não sejam aqueles previstos pela norma particular".[28] No mesmo sentido, pode-se dizer que as normas nascem em pares: uma norma inclusiva que prevê determinado comportamento, e uma norma exclusiva que exclui todos os outros comportamentos.

Bobbio apresenta diversas críticas a todas essas teorias e ao final conclui que:

> ficou mais claro o conceito de lacuna: a lacuna se verifica não mais por falta de uma norma expressa pela regulamentação de um determinado caso, mas pela falta de um critério para a escolha de qual das duas regras gerais, a exclusiva ou a inclusiva, deva ser aplicada.[29]

Prosseguindo-se nas definições sugeridas pelos doutrinadores para o termo *lacuna*, nos deparamos com aqueles que admitem a existência de lacunas, uma vez que o ordenamento jurídico não consegue prever todas as hipóteses de conflitos que podem se apresentar no desenrolar da realidade social.

---

28 Idem, p.133.
29 Idem, p.137.

Segundo Binder,[30] "há lacuna quando uma exigência do direito, fundamentada objetivamente pelas circunstâncias sociais, não encontra satisfação na ordem normativa".

Conforme afirma Karl Engisch,[31] lacuna seria "uma incompletude insatisfatória no seio de um todo. Aplicando ao Direito, o conceito de lacuna significa que se trata de uma incompletude insatisfatória no todo jurídico".

Segundo Tercio Sampaio Ferraz Junior,[32]

> com a expressão 'lacunas da lei' se quer assimilar todo o direito à lei, havendo, portanto, 'lacunas' no direito, ou se quer dizer que só o ordenamento legal é lacunoso e não o jurídico; entretanto, não é impossível, mesmo sem fazer aquela assimilação, colocar a questão das lacunas do direito como um conjunto de normas não constituído, necessariamente, apenas de normas legais, abrangendo, também as normas individuais.

De acordo com Carnelutti,[33] as lacunas existem: "no caso em que há menos normas do que deveria haver, fato que registra-se com duas conjunções 'nem... nem', onde o dever do intérprete é, ao contrário, acrescentar aquilo que falta". E o remédio aplicável quando se depara com uma lacuna ou uma deficiência na norma é a integração de normas.

Além das diversas definições de lacuna, há juristas que classificam diversas modalidades de lacuna, entre elas podemos citar:

a) as lacunas axiológicas ou ideológicas, que são lacunas no sentido de que, apesar de existir uma norma regulando o caso concreto, a

---

[30] *Apud* DINIZ, Maria Helena. Op. cit., p.28.

[31] ENGISCH, Karl. *Introdução ao pensamento jurídico*, p.276.

[32] FERRAZ JR., Tercio Sampaio. *A ciência do direito*.

[33] *Apud* BOBBIO, Norberto. Op. cit., p.117.

solução apresentada pela norma não é satisfatória do ponto de vista ideológico (não é uma solução justa). Esta modalidade de lacuna é admitida por quase todos os juristas;

b) as lacunas voluntárias, quando o legislador voluntariamente não esclarece determinado termo ou não regula especificamente determinada atividade para deixar tal trabalho a critério do intérprete;

c) as lacunas involuntárias, quando por descuido do legislador, determinado fato ou situação não é previsto na norma;

d) lacunas objetivas, quando em virtude da evolução e transformações sociais o legislador deixa a critério do intérprete.

Após a análise de todas as possibilidades de enfoque e definição das lacunas acima expostas – de forma sintética, posto que é impossível exaurir o tema –, entendemos que a forma mais adequada de se enfocar a lacuna com o objetivo de relacioná-la com a cláusula geral consiste em admitir a sua existência como sendo uma lacuna voluntária, deixada propositadamente pelo legislador, para que seja integrada pelo aplicador do Direito. A lacuna seria a própria vaguidade e abrangência semântica da cláusula geral.

Desta forma, as lacunas nas cláusulas gerais não se referem à ausência de norma para solucionar determinado caso concreto, mas, sim, à ausência de critério para enquadrar o caso concreto na cláusula geral, ou, em outras palavras, a ausência de critério para conferir conteúdo semântico às cláusulas gerais. É, portanto, Maria Helena Diniz[34] denomina lacuna de segundo grau, a ausência de critério para preenchimento de uma lacuna.

Observe-se, neste sentido que para o preenchimento da lacuna da cláusula geral não será possível a aplicação do art. 4º da Lei de

[34] DINIZ, Maria Helena. Op. cit.

Introdução ao Código Civil (LICC): "Quando a lei for omissa, o juiz decidirá o caso de acordo com a analogia, os costumes, e os princípios gerais de direito", posto que tal disposição é mais adequada para os casos em que houver ausência de norma específica sobre determinado caso concreto.

Isto não quer dizer que o juiz, ao motivar a decisão de aplicação da cláusula geral não possa se utilizar dos critérios do art. 4º da LICC, posto que a forma de preenchimento das lacunas da cláusula geral, ou melhor, os argumentos utilizados pelo juiz para dar conteúdo à cláusula geral poderão ser todos aqueles que se coadunem com às peculiaridades do caso concreto e com os valores e princípios aos quais a cláusula geral se referir.

Antes que mencionemos, antecipadamente, a conclusão da presente monografia, por hora basta deixar concluído neste capítulo que para estudarmos a amplitude da lacuna nas cláusulas gerais, devemos considerá-la como a ausência – voluntariamente querida pelo legislador – de critério para atribuir conteúdo à cláusula geral.

Resta, porém, definir o que seja "dar conteúdo à cláusula geral". Dar conteúdo à cláusula geral é definir seu conceito semântico e, além disso, estabelecer as conseqüências do conteúdo conferido. Como veremos, a cláusula geral ao ser delimitada gera determinados efeitos, e estes efeitos também deverão ser determinados pelo magistrado.

2.7 DEFINIÇÃO DE CLÁUSULA GERAL

A definição da cláusula geral, na verdade, já foi adiantada no curso da presente monografia, porém faz-se mister ressaltar mais uma vez as suas peculiaridades. O tema das cláusulas gerais, assim como o tema da lacuna, também é deveras polêmico.

Apontamos três características essenciais da cláusula geral: a) conteúdo semântico da cláusula geral é indeterminado na norma jurídica, mas determinável pelo magistrado; b) a cláusula geral remete o magistrado a princípios e valores; e c) a cláusula geral possui conteúdo semântico abrangente ou extensivo, podendo ser aplicada a diversas hipóteses fáticas.

As cláusulas gerais não são, em si, princípios, mas, sim, remetem o aplicador do direito a determinados princípios e valores, ao mesmo tempo que permite ao aplicador do direito realizar um raciocínio indutivo, trazendo das peculiaridades da realidade social de seu tempo e dos casos concretos que julga o conteúdo da cláusula geral.

Desta forma, o conteúdo da cláusula geral será determinado pelo magistrado com base: a) nos princípios e valores inseridos no sistema jurídico; b) nas peculiaridades da realidade social, na qual o magistrado e os jurisdicionados estão inseridos; e c) nas peculiaridades do caso concreto submetido a julgamento.

Como exemplos clássicos de cláusulas gerais podemos citar o parágrafo 242 do Código Civil Alemão, assim redigido: "O devedor deve [está adstrito a] cumprir a prestação tal como o exija a boa-fé, com consideração pelos costumes do tráfego jurídico". Podem, também, ser apontados como tradicionais exemplos de cláusulas gerais, ainda dentro do BGB, os parágrafos 138 e 826: §138: "o ato jurídico contrário aos bons costumes é nulo"; § 826: "aquele que objetivou prejudicar alguém por meio de atitudes contrárias aos bons costumes é obrigado a reparar o dano".[35]

Vale ressaltar que o novo Código Civil brasileiro, veiculado pela Lei n. 10.406, de 10 de janeiro de 2002, em diversas disposições, utiliza-se das cláusulas gerais,[36] por exemplo a boa-fé objetiva e a função social da propriedade e do contrato.

As cláusulas gerais como "bons costumes", "boa-fé objetiva" e "cumprimento da função social" remetem o magistrado a princípios

[35] *Apud* MARTINS-COSTA, Judith. *A boa-fé no direito privado*, p.288.

[36] Uma boa exposição sobre os exemplos de cláusulas gerais no novo Código Civil se encontra na dissertação que conferiu o título de mestre a Alberto Gosson Jorge Jr., sob orientação do professor Renan Lotufo. *Subsídios para uma interpretação das cláusulas gerais no novo Código Civil.*

e valores inspiradores do ordenamento jurídico, como o princípio da dignidade da pessoa humana, os princípios da liberdade, da eticidade e da igualdade, mas o seu real conteúdo somente poderá ser delimitado de acordo com as circunstâncias peculiares da realidade social e do caso concreto, mediante o emprego do raciocínio indutivo.

O fato de a cláusula geral remeter o magistrado a valores e princípios é apontado por alguns estudiosos[37] como o principal elemento que diferencia as cláusulas gerais dos demais conceitos indeterminados contidos nas normas jurídicas. Neste sentido, convém ressalvar que renomados juristas reconhecem que as normas jurídicas possuem, em sua maioria, conceitos indeterminados.

Conforme afirma António Manuel da Rocha e Menezes de Cordeiro,[38] "em rigor, com exceção dos conceitos susceptíveis de expressão matemática, todos implicam áreas maiores ou menores de indeterminação".

No mesmo sentido, Karl Engisch[39] afirma que "os conceitos absolutamente determinados são muito raros no Direito".

Isto não significa, porém, que todos os conceitos indeterminados constituam cláusulas gerais, posto que nem todos os conceitos indeterminados possuem as três características essenciais apontadas acima (conceito determinável pelo magistrado, conceito abrangente – extensivo a diversas hipóteses fáticas – e forma de remeter o magistrado a princípios e valores).

---

[37] Neste sentido, Alberto Gosson Jorge Jr. afirma que: "Pelo que se verifica da leitura dos autores que se debruçam sobre o assunto, o ponto que prevalece, ainda que não exclusivamente para a caracterização de uma cláusula geral, está nos valores ou princípios que ela carrega ou nos valores ou princípios a que ela remete (...) Seria, ademais, o alto teor valorativo contido nas cláusulas gerais o elemento caracteristicamente diferenciador destas normas perante o ordenamento jurídico, o nódulo essencial que faria com que as cláusulas gerais fossem aquilo que são" (*Subsídios para uma interpretação das cláusulas gerais no novo Código Civil*, p.19-21).

[38] MENEZES CORDEIRO, António Manuel Rocha e. *Da boa-fé no direito civil*, p.1180.

[39] ENGISCH, Karl. Op. cit., p.208.

Quanto à diferença entre cláusula geral e conceito indeterminado, vale mencionar a distinção sugerida por Claudio Luzzati[40] entre vagueza comum e vagueza socialmente típica.

A vagueza comum não remete o magistrado, diretamente, a valores ou princípios, mas, sim, às circunstâncias do caso concreto. Assim, um conceito indeterminado que possua vagueza comum, será determinado pelo magistrado apenas com base nas peculiaridades do caso concreto, plano do "ser".

Já a vagueza socialmente típica remeterá o magistrado aos princípios e valores que inspiram o ordenamento jurídico. Assim, um conceito indeterminado que possua vagueza socialmente típica, seria uma cláusula geral, posto que remeteria o magistrado aos princípios e valores – plano do "dever ser" e, também, às peculiaridades do caso concreto – plano do "ser".

Apesar disso, a distinção entre cláusula geral e conceito indeterminado, bem como a distinção entre vagueza comum e vagueza socialmente típica, não é consenso entre os juristas.

Abstraindo a polêmica sobre a utilidade e adequação das distinções entre conceito indeterminado e cláusula geral e entre vagueza comum e vagueza socialmente típica, o mais importante é ressalvar que o conteúdo da cláusula geral é determinado pelo magistrado com base tanto nos princípios e valores já inseridos no sistema jurídico, como também, com base na realidade social, na qual o magistrado está inserido e nas peculiaridades do caso concreto sob julgamento.

Desta forma, o entendimento mais adequado sobre as cláusulas gerais, ao qual nos filiamos, é muito bem definido pelo insigne jurista Clóvis do Couto e Silva:[41]

---

[40] LUZZATI, Claudio. *La vaguezza delle norme:* un'analisi del linguaggio giuridico, p.302-13.

[41] *Apud* MARTINS-COSTA, Judith. Op. cit., p.274.

as cláusulas gerais constituem o meio legislativamente hábil para permitir o ingresso, no ordenamento jurídico, de princípios valorativos, expressos ou ainda inexpressos legislativamente, de standarts, máximas de conduta, arquétipos exemplares de comportamento das normativas constitucionais e de diretivas econômicas, sociais e políticas, viabilizando a sua sistematização no ordenamento positivo.

2.8 A REAL AMPLITUDE DA LACUNA NAS CLÁUSULAS GERAIS

A presente monografia foi formatada exatamente com o intuito de tecer uma longa introdução para ao final tentar conferir uma maior objetividade nas conclusões, uma vez que os conceitos e as premissas fundamentais do raciocínio esperamos já terem sido esclarecidos anteriormente.

A nosso ver, a questão da lacuna deve ser diferentemente tratada de acordo com a concepção de sistema jurídico adotada: sistema fechado ou sistema aberto.

Por questões lógicas, entendemos que é condição necessária que os defensores do sistema fechado não admitam a existência de lacuna no sistema jurídico, seja qual for a sua classificação: lacuna objetiva, subjetiva, voluntária ou involuntária (salvo a lacuna ideológica, obviamente). Isso porque, no sistema fechado, o legislador analisa, por meio do método indutivo, o fato social concreto e dele induz a norma geral, a qual, mediante o adequado processo legislativo será positivada integrando o sistema jurídico fechado.

O sistema jurídico fechado, como já ressaltado, delimita a função do magistrado, que irá aplicar a norma, pelo método dedutivo, aos casos concretos. Porém se houver lacuna, ou seja, se não houver a norma jurídica geral, implícita ou explícita no sistema, não será possível ao magistrado efetuar o raciocínio dedutivo, e, assim, o sistema jurídico fechado entraria em colapso.

Na nossa humilde opinião, entender que o sistema deva ser fechado, pressupõe não admitir a existência de lacunas no sistema jurídico.

O problema a ser enfrentado pelos defensores do sistema fechado é o fato de que é muito difícil, senão impossível, que o ordenamento jurídico consiga prever, com pureza e rigidez semântica, detalhadamente, todas as hipóteses, cada vez mais complexas, de conflitos ou fatos sociais que podem ocorrer na realidade.

Assim, o fato é que, nos dias atuais, é muito complicado defender a adoção de um sistema jurídico fechado, tendo em vista que, para tanto, será necessário realizar um grandioso esforço para concluir que é possível um sistema jurídico não possuir lacunas.

O que percebemos, porém, nestas teorias que tentam afastar a existência de lacunas – teoria da autopoiese, a teoria do espaço vazio, a teoria da norma excludente e da norma includente etc. – é um esforço tamanho para justificar a forma do sistema, sem, entretanto, considerar uma realidade inafastável: os fatos sociais são deveras complexos e o importante é discutir como o conteúdo do sistema jurídico pode acompanhar o conteúdo dos fatos e valores sociais em crescente mutação e desenvolvimento.

Entendemos que é mais eficaz reconhecer esta realidade e descobrir a melhor forma de conferir um conteúdo tal ao ordenamento jurídico de forma que este consiga acompanhar a evolução social.

Neste sentido, entendeu-se que para o sistema poder abranger todas as hipóteses de conflitos e fatos sociais, seria necessário construir um sistema aberto, inserindo nas normas alguns termos com alto grau de vaguidade e abrangência semântica, daí a criação da cláusula geral. As cláusulas gerais conferem abertura ao sistema jurídico, no sentido de que o magistrado, ao conferir conteúdo à cláusula geral, poderá incorporar ao sistema jurídico os novos fatos e valores sociais no momento em que for julgar o caso concreto.

O sistema jurídico será "alimentado" pelos fatos e valores sociais em dois momentos:

a) num primeiro momento, pelo legislador, que valorizará os fatos sociais e decidirá quais deverão ser regulados e de que forma, positivando a regulamentação em norma geral e abstrata;

b) num segundo momento, pelo magistrado, que valorizará os fatos e valores sociais vigentes no momento do julgamento do caso concreto e decidirá a forma mais adequada de conferir o conteúdo à cláusula geral.

No intuito de tentar esclarecer o raciocínio acima exposto, entendemos conveniente fazer o seguinte esquema:

Fatos e valores sociais concretos
vigentes no momento da elaboração da norma jurídica

⇓

Legislador

⇓ Método indutivo

Cláusulas Gerais

Método dedutivo ⇓ ⇑ Método indutivo

Magistrado

⇑

Fatos e valores sociais concretos
vigentes no momento do julgamento de um caso concreto

Percebe-se que, ao conferir conteúdo à cláusula geral, o magistrado realiza praticamente o mesmo raciocínio do legislador: pelo método indutivo, valorizando fatos sociais e valores sociais concretos chega-se aos conceitos gerais da norma. A diferença é que:

a) o legislador elabora a norma que terá efeito para todos os jurisdicionados, enquanto o magistrado confere o conteúdo à cláusula geral, sendo que este conteúdo terá efeito apenas para as partes envolvidas no caso concreto;

b) o legislador, pelo método indutivo, percebe na sociedade os setores que devem ser regulados por cláusula geral, e quais serão os princípios e valores aos quais se reportarão esta cláusula geral; enquanto o magistrado, também por método indutivo, percebe na sociedade, no momento do julgamento, qual é o conteúdo atual da cláusula geral, para somente após, por método dedutivo, enquadrar o caso concreto na cláusula geral que já terá conteúdo.

Cabe apenas esclarecer que o magistrado, ao conferir conteúdo à cláusula geral, deverá observar os princípios e valores aos quais a cláusula geral se refere. Desta forma, não há que se falar que a cláusula geral pode possibilitar arbitrariedades ou insegurança jurídica. Até porque não podemos esquecer que a sentença do magistrado deverá ser fundamentada e, dentro desta fundamentação, o magistrado será obrigado a apresentar os argumentos que justificaram o conteúdo atribuído à cláusula geral.

Outrossim, a fim de diferenciar o método utilizado pelo magistrado para dar conteúdo à cláusula geral e o método utilizado para proferir a sentença, importante frisar que o magistrado fará duas operações:

a) primeiro deverá conferir conteúdo à cláusula geral. Se, por exemplo, o magistrado for conferir conteúdo à boa-fé objetiva, deverá empregar o método indutivo (dos fatos concretos da realidade – conduta do homem médio – se induz o conteúdo da cláusula geral) e por meio do método dedutivo (deduzindo o conceito de boa-fé objetiva dos princípios da solidariedade, eticidade e dignidade da pessoa humana);

b) posteriormente deverá, por método dedutivo, aplicar a cláusula geral ao caso concreto, e só então proferir a sentença que é a norma individual e concreta, determinando os comandos a serem seguidos pelas partes para que haja a observância e cumprimento da cláusula geral, nos termos dos limites e conteúdos conferidos pelo magistrado.

Podemos notar, então, que a amplitude da lacuna nas cláusulas gerais já começa a se delinear.

A lacuna no sistema aberto não se refere à ausência de norma para solucionar determinado caso concreto, mas, sim, à ausência de critério para enquadrar o caso concreto na cláusula geral ou, em outras palavras, a ausência de critério para conferir conteúdo semântico às cláusulas gerais.

Após ter conferido conteúdo à cláusula geral, o magistrado aplicará a cláusula geral ao caso concreto e irá verificar quais as regras e comandos que devem ser cumpridos pelas partes, para que a cláusula geral seja respeitada, nos moldes do conteúdo que o magistrado lhe atribuiu.

Por fim, devemos lembrar que esta omissão quanto ao critério de integração da cláusula geral é proposital, ou seja, o legislador assim deseja, uma vez que este é justamente o objetivo da cláusula geral: conferir a abertura do sistema, a fim de que o aplicador do direito possa realizar um raciocínio que utiliza tanto o método dedutivo como o método indutivo.

Percebe-se, portanto, que a real amplitude das lacunas nas cláusulas gerais consiste:

a) em uma lacuna voluntária, desejada pelo ordenamento jurídico;

b) na ausência de norma jurídica que confira conteúdo à cláusula geral; e

c) na ausência de norma jurídica estabelecendo as conseqüências jurídicas do descumprimento da cláusula geral.

Assim, o magistrado, ao aplicar uma cláusula geral, terá o poder-dever de: 1º) conferir o conteúdo da cláusula geral; 2º) verificar se a cláusula geral foi atendida no caso concreto; 3º) estabelecer as conseqüências em caso de descumprimento da cláusula geral, criando os deveres a serem cumpridos pelas partes para atender à cláusula geral.

2.9 CONCLUSÃO

Ante a complexidade crescente dos fatos e relações sociais, o ordenamento jurídico não é capaz de prever todas as hipóteses em que os conflitos sociais podem se apresentar no desenrolar da realidade.

O mundo jurídico está carente de efetividade, celeridade e atualidade, sendo que o grande desafio do jurista e do legislador contemporâneo é conferir concretude a todas as garantias fundamentais declaradas nos textos legais, principalmente constitucionais.

O sistema jurídico foi criado pelo método indutivo (do particular ao geral), iniciado por Savigny e pelos pandectistas, que, num trabalho árduo, tentaram conferir sistematização e ordenação aos julgados esparsos do Direito Romano, identificando regras repetidas e reiteradas e por elas, por indução, chegando às normas gerais enunciadas por brocardos ou máximas.

Tendo sido estabelecida a noção de sistema jurídico, a sua estruturação passou a ser pelo método dúplice: pelo indutivo (do caso concreto à norma geral) e pelo dedutivo (da norma geral ao caso concreto).

O positivismo jurídico, valorizando a forma e a interpretação da pirâmide kelseniana, deixou de lado o método indutivo, para dar atenção apenas ao método dedutivo, o que também encontrou respaldo no antigo movimento da Escola da Exegese que propugnava por sistema fechado, no qual o magistrado era escravo da lei e realizava raciocínios meramente dedutivos.

O sistema jurídico fechado, apesar de conferir segurança jurídica, não consegue ter efetividade e atualidade, considerando as rápidas mutações e evoluções da realidade social.

As cláusulas gerais são instrumentos deveras convenientes para viabilizar a abertura do sistema jurídico, a fim de incorporar ao sistema as inovações ocorridas no desenrolar da realidade social e, ao mesmo tempo, resgatar o método indutivo de construção do sistema jurídico, resolvendo os casos concretos conforme suas peculiaridades, sempre dentro dos limites dos princípios e valores inspiradores do sistema jurídico e da sociedade.

A amplitude das lacunas no âmbito das cláusulas gerais consiste:

a) numa lacuna voluntária, desejada pelo ordenamento jurídico;

b) na ausência de norma jurídica que confira conteúdo à cláusula geral; e

c) na ausência de norma jurídica estabelecendo as conseqüências jurídicas do descumprimento da cláusula geral.

O magistrado ao aplicar uma cláusula geral, terá o poder-dever de: 1º) conferir o conteúdo da cláusula geral; 2º) verificar se a cláusula geral foi atendida no caso concreto; 3º) estabelecer as conseqüências em caso de descumprimento da cláusula geral, criando os deveres a serem cumpridos pelas partes para atender à cláusula geral.

2.10 BIBLIOGRAFIA

ARISTÓTELES. *Poética*. Rio de Janeiro, Nova Cultural, 1999 (col. Os Pensadores).

BOBBIO, Norberto. *A era dos direitos*. 15.ed. Rio de Janeiro, Campus, 1992.

______. *Dalla struttura alla funzione*: nuovi studi di teoria del diritto. Milão, Edizioni di Comunità, 1984.

______. *Teoria do ordenamento jurídico*. Trad. Cláudio De Cicco. 10.ed. Brasília, UnB, 1999.

CANARIS, Claus-Wilhelm. *Pensamento sistemático e conceito de sistemática da ciência do direito*. Lisboa, Calouste Gulbenkian, 1996.

CARNELUTTI, Francesco. *Como nasce o direito*. Trad. Hiltomar Martins Oliveira. Belo Horizonte, Cultura Jurídica, 2002.

COUTO E SILVA, Clóvis do. *A obrigação com o processo*. São Paulo, José Bushatsky, 1976.

DINIZ, Maria Helena. *As lacunas no direito*. 7.ed. São Paulo, Saraiva, 2002.

DUGUIT, Leon. *Las tranformaciones generales del derecho privado desde el Codigo de Napoleón*. Madri, Libreria Española y Extranjeira.

ENGISCH, Karl. *Introdução ao pensamento jurídico*. 8.ed. Lisboa, Cauloste Gubenkian, 2001.

FERRAZ JR., Tercio Sampaio. *A ciência do direito*. São Paulo, Atlas, 1977.

______. *Direito retórica e comunicação*: subsídios para uma pragmática do discurso jurídico. 2.ed. São Paulo, Saraiva, 1997.

FERRI, Luigi. *La autonomia privada*. Madri, Revista de Derecho Privado, 1969.

JORGE JR., Alberto Gosson. *Subsídios para uma interpretação das cláusulas gerais no Novo Código Civil*. São Paulo, 2003. Dissertação (Mestrado). Pontifícia Universidade Católica de São Paulo (PUC-SP).

KELSEN, Hans. *Teoria pura do direito*. Trad. J. B. Machado. São Paulo, Arménio Amado, 1962.

______. *Teoria geral das normas*. Trad. José Florentino Duarte. Porto Alegre, Sérgio Fabris Editor, 1986.

LAFER, Celso. *A reconstrução dos direitos humanos*: um diálogo com os pensamentos de Hanna Arendt. 4.ed. São Paulo, Companhia das Letras, 2001.

LARENZ, Karl. *Metodologia da ciência do direito*. 3.ed. Lisboa, Calouste Gulbenkian, 1991.

LOTUFO, Renan. *Da oportunidade da codificação civil*. Coletânea de artigos. Revista do Advogado. Novo Código Civil: Aspectos Relevantes. São Paulo, AASP, dezembro, 2002.

______. *Direito civil constitucional*. São Paulo, Max Limonad, 1999.

LUHMANN, Niklas. *Sociologia do direito*. Trad. Gustavo Bayer. Rio de Janeiro, Tempo Brasileiro, 1983, v. I.

LUZZATI, Claudio. *La vaguezza delle norme*: un'analisi del linguaggio giuridico. Milão, Giuffrè, 1990.

MARQUES, Cláudia Lima. *Contratos no Código de Defesa do Consumidor*. São Paulo, Revista dos Tribunais, 1992.

MARTINS-COSTA, Judith. *A boa-fé no direito privado*. 2.ed. São Paulo, Revista dos Tribunais, 2000.

MELO, Marcos Bernardes de. *Teoria do fato jurídico*: plano da existência. São Paulo, Saraiva, 1998.

MENEZES CORDEIRO, António Manuel Rocha e. *Da boa-fé no direito civil*. Coimbra, Almedina, 1997.

MIRANDA, Pontes de. *Tratado de direito privado*. 4.ed. São Paulo, Revista dos Tribunais, 1974, Tomo I, p.XIII-XIV.

SAVIGNY, Fréderic Karl von. *Sistema de diritto romano attuale*. Trad. Vittorio Scialoja. Turim, Unione Tipografico – Editrice Torinense, 1986. v.1

SILVA, Jorge Cesa Ferreira da. *A boa-fé e a violação positiva do contrato*. Rio de Janeiro, Renovar, 2002.

REALE, Miguel. *Fundamentos do direito*. 3.ed. São Paulo, Revista dos Tribunais, 1998.

VILANOVA, Lourival. *As estruturas lógicas e o sistema do direito positivo*. São Paulo, Max Limonad, 1997.

3 Termos Jurídicos Indeterminados: Interpretação ou Discricionariedade Judicial? Ênfase nos Princípios Jurídicos

Gisele Santos Fernandes Góes[*]

---

[*] Doutoranda da Pontifícia Universidade Católica de São Paulo (PUC-SP). Mestre pela Universidade Federal do Pará (UFPA). Professora da UFPA e de cursos de pós-graduação. Procuradora do Trabalho. Membro do Instituto Brasiliense de Direito Público.

3.1 PREMISSAS FUNDAMENTAIS: COMPOSIÇÃO DO SISTEMA JURÍDICO

O ordenamento jurídico deve ser visualizado como um sistema, no que diz respeito ao enquadramento das normas num conjunto dotado de coerência e harmonia, o que não significa concluir que ele seja hermético e circular, bastando-se a si mesmo.

No desenvolvimento da Ciência do Direito, vários foram os autores que idealizaram a experiência jurídica como e num sistema fechado.

O autor de importância capital para essa concepção foi Hans Kelsen, que, em sua obra *Teoria pura do direito,*[1] afirma que o direito ideal deve estar completamente imune à toda e qualquer ideologia, devendo haver a sua purificação e, portanto, o fundamento de validade do sistema é a *grundnorm*, ou seja, a norma fundamental que é pressuposta e não posta. E, a partir dessa norma, derivariam todas as outras no sistema, no jogo da estática e da dinâmica jurídicas.

Portanto, como bem ressalta Norberto Bobbio,[2] a visão positivista kelseniana é a de redução de todo o ordenamento jurídico ao plano da validade. O atributo da norma jurídica que interessa a Kelsen é o da validade e somente com ele o sistema funcionaria perfeitamente, visto que, para esse doutrinador, a eficácia e a justiça não se enquadram na Ciência Jurídica.

Deve-se destacar que o próprio Kelsen, no decurso da sua vida, observou que a Ciência do Direito não se completa apenas com o plano da validade e, por isso, o rigor de seus posicionamentos exarados na *Teoria pura do direito* são totalmente revisitados na obra *Teoria geral do direito e do Estado,*[3] onde ele desloca o eixo do sistema jurídico para a eficácia, derrubando a validade como seu primeiro e

---

[1] KELSEN, Hans. *Teoria pura do direito.*

[2] BOBBIO, Norberto. *Teoria generale del diritto*, p.23-44.

[3] KELSEN, Hans. *Teoria geral do direito e do Estado*, p.55 e segs.

único alicerce. E ele passa a defender a eficácia, pois o sistema se faz enquanto tal, desde que todos sigam os mandamentos, dado que, se os indivíduos não os cumprirem, o sistema se mostra ineficaz quanto às pautas de conduta.

Logo, o próprio jurista da escola do positivismo jurídico, ao final, chegou à conclusão de que o sistema não pode ser tão fechado quanto imaginava.

Outros dois doutrinadores que propagaram que o ordenamento jurídico deve ser cerrado foram os funcionalistas Niklas Luhmann e Gunther Teubner.

O primeiro[4] estabeleceu que o ordenamento jurídico é auto-referencial e deve estar envolto no padrão de clausura normativa e abertura cognitiva, por conseguinte, os elementos estranhos ao sistema jurídico ingressam nele, caso sejam devidamente filtrados e selecionadas as possibilidades, pois o propósito do sistema é a redução da complexidade social.

O segundo,[5] na esteira, vai solidificar seus argumentos funcionalistas na base da *autopoiesis* de Maturana e Varela de fundo biológico, em que os dois estudam a célula e seu movimento dentro da perspectiva do sistema isolado e aprisionado e Teubner faz o transporte dessa visão para o mundo jurídico, sendo que, para esse autor, desponta a idéia de direito reflexivo, como atenta Celso Fernandes Campilongo.[6]

O panorama do universo jurídico de reflexividade interna dos subsistemas sociais, traduzindo reclusão para o Direito, asfixia as pluralidades existentes e não resolve os problemas que surgem, assumindo-se a insuficiência dessa compreensão da ciência jurídica.

Por isso, o sistema jurídico é do tipo aberto e, com efeito, deve interagir necessariamente com os outros sistemas, tais como os de ordem econômica, política, social etc., para que se tenha uma otimiza-

---

4 LUHMANN, Niklas. *Sociologia do direito*, p.61-70; 167-238.

5 TEUBNER, Gunther. *O direito como sistema autopoiético*, capítulos III, IV e V.

6 CAMPILONGO, Celso Fernandes. *Direito e democracia*, p.65-86.

ção de interpretação das normas jurídicas, sob pena de engessamento da lei, diante da velocidade dos acontecimentos fáticos na sociedade.

Esse entendimento do sistema jurídico como aberto, com o seu tônus de historicidade, adquiriu forma com os seguintes teóricos: Chäim Perelman,[7] Claus-Wilhelm Canaris,[8] Karl Larenz[9] e Franz Bydlinski.[10] Esses autores conceberam que somente se atingirá o direito justo, admitindo-se as inserções axiológicas, teleológicas na ordem jurídica e que não basta a visão do direito como estrutura subsumido num raciocínio lógico-dedutivo ao sabor do paradigma kelseniano; o direito deve ser trilhado como função, como bem assinalou Bobbio.[11]

Para o alcance de tal desiderato, o sistema se compõe, não somente de regras jurídicas, mas primordialmente de princípios jurídicos que materializam os valores assumidos pela sociedade.

3.1.1 Princípios jurídicos: posição de supremacia

3.1.1.1 Breve notícia das fases dos princípios jurídicos

No Direito brasileiro, inegavelmente, no estágio atual, os princípios são normas, porque estão modelados na Constituição Federal.

Deve-se ressaltar que, antes mesmo da Carta Magna de 1988, o art. 4º da Lei de Introdução ao Código Civil brasileiro de 1942 estatuía que: "Quando a lei for omissa, o juiz decidirá o caso de acordo com a analogia, os costumes e os princípios gerais de direito".

---

7 PERELMAN, Chäim. *Tratado da argumentação:* a nova retórica, p.15-72.

8 CANARIS, Claus-Wilhelm. *Pensamento sistemático e conceito de sistema na ciência do direito*, p. 149-289.

9 LARENZ, Karl. *Metodologia da Ciência do direito*, p.577-96.

10 BYDLINSKI, Franz. "Diritto, metodo e giurisprudenza". In: *Vita Notarile Esperienze Giuridiche*, n.1, jan.-abr., 1994, p.3-30.

11 BOBBIO, Norberto. *Dalla strutura alla funzione*, p.123-44.

Logo, se os princípios gerais são fonte de onde promana o Direito, inquestionavelmente, são normas.[12]

Todavia, foi bastante lenta a evolução para a normatividade dos princípios.

Paulo Bonavides situa a juridicidade dos princípios, passando por três fases distintas:

a) jusnaturalista: os princípios estavam numa fase de total abstração e a normatividade era nula;

b) positivista: os princípios foram introduzidos nos Códigos como fonte normativa subsidiária;

c) pós-positivista: os princípios têm acentuada sua dimensão axiológica superior e são coroados no topo do sistema normativo e, para tanto, o grande impulsionador dessa nova concepção foi Ronald Dworkin.[13]

Logo, na fase pós-positivista, os princípios adquirem caráter plástico e permitem a introdução de novos valores diante da relação fato-norma.

---

[12] Nesse sentido, pronuncia-se Norberto Bobbio em primoroso texto: "Os princípios gerais são apenas, a meu ver, normas fundamentais ou generalíssimas do sistema, as normas mais gerais. A palavra princípios leva a engano, tanto que é velha questão entre os juristas se os princípios gerais são normas. Para mim não há dúvida: os princípios gerais são normas como todas as outras. E esta é também a tese sustentada por Crisafulli. Para sustentar que os princípios gerais são normas, os argumentos são dois, e ambos válidos: antes de mais nada, se são normas aquelas das quais os princípios gerais são extraídos, através de um procedimento de generalização sucessiva, não se vê por que não devam ser normas também eles: se abstraio da espécie animal obtenho sempre animais, e não flores ou estrelas. Em segundo lugar, a função para qual são extraídos e empregados é a mesma cumprida por todas as normas, isto é, a função de regular um caso. E com que finalidade são extraídos em caso de lacuna? Para regular um comportamento não-regulamentado: mas então servem ao mesmo escopo a que servem as normas expressas. E por que não deveriam ser normas?". *Teoria do ordenamento jurídico*, p.158-9.

[13] BONAVIDES, Paulo. *Curso de direito constitucional*, p.232-8; e também PIMENTA, Paulo Roberto Lyrio. *Eficácia e aplicabilidade das normas constitucionais programáticas*, p.125-6.

Os princípios são detentores, hoje, dos seguintes caracteres: são normas de eficácia plena e aplicabilidade imediata e não meramente programáticas como se pensava e pregava; vinculam os membros do Poder Judiciário; conferem legitimidade ao sistema – princípios constitucionais; e podem ser explícitos e implícitos.

3.1.1.2 Definição

Antes de se definir o que seja o princípio jurídico, deve-se ter em mente a sua posição de total supremacia na estrutura do ordenamento jurídico.

Celso Antonio Bandeira de Mello conceitua o princípio jurídico, nessa postura relevante, como sendo o mandamento nuclear do sistema.[14]

Por conseguinte, inegavelmente, os princípios são os alicerces, as vigas do sistema jurídico.

3.1.1.3 Importância e funções no sistema jurídico

A importância dos princípios está em que eles constituem instrumentos operativos, possibilitando várias interpretações jurídicas e enunciam valores normativos.

Por isso, eles se apresentam como os fundamentos de qualquer instituição. Como leciona Paulo Bonavides, "os princípios são o oxigênio das Constituições".[15] E também de modo inigualável assim se pronunciou Renan Lotufo:[16] "os princípios constituem a força matriz e motriz do sistema jurídico".

---

14 BANDEIRA DE MELLO, Celso Antonio. *Curso de direito administrativo*, p.409.

15 BONAVIDES, Paulo. Op. cit., p.259.

16 Frase dita na aula de Princípios no dia 6 de outubro de 2003 na PUC-São Paulo, na disciplina Teoria Geral do Direito.

Quanto às funções dos princípios jurídicos, busca-se a lição de Guido Alpa,[17] para quem eles têm funções diversas, quais sejam:

a) função integrativa, no sentido de ser instrumento técnico para preencher as lacunas do conteúdo normativo;
b) função interpretativa, no sentido de oferecer ao intérprete o modo de subsumir o *fattispecie* em um enunciado amplo;
c) função delimitativa, no sentido de pôr um freio às competências legislativas estatais e negociais; e
d) função fundante, no sentido de oferecer os valores sobre os quais se funda todo o ordenamento.

Logo, o Poder Judiciário se socorre dos princípios jurídicos no momento de fundamentar suas decisões, dada a impossibilidade de se integrar, interpretar, delimitar e aplicar as normas sem eles, visto que constituem o primeiro eixo, para se buscar o sentido e alcance da regra.

3.2 DISTINÇÃO ENTRE PRINCÍPIOS E REGRAS

3.2.1 Ronald Dworkin[18]

Ronald Dworkin inicia seus estudos a partir da crítica à teoria de Herbert Hart, pois esse autor se vinculava ao sentido estrito da legalidade.

---

[17] Diz Guido Alpa: "In ogni caso, secondo la prospettiva formalista, i principi assolvono funzioni diverse: a) funzione integrativa, nel senso di essere strumento tecnico per colmare le lacune del dettato normativo; b) funzione interpretativa, nel senso di offrire all'interprete il modo di sussumere la fattispecie in un enunciato ampio; c) funzione delimitativa, nel senso di porre un argine alle competenze legislative statuali e negoziali; e d) funzione fondativa, nel senso di offrire i valori sui quali si fonda l'intero ordinamento. I principi generali, p.13.

[18] DWORKIN, Ronald. "Is Law a system of rules?" In: DWORKIN, Ronald. (org.). *The philosophy of law*, 1977; *Taking rights seriously*, 1978; *A matter of principle*, 1987; *Los derechos en serio*, 1995; *Law's empire*, 1995; e *O Império do direito*, 1999.

Sob o enfoque citado, o jurista começa a sentir a necessidade de ampliar a compreensão do sistema jurídico e, assim, formula suas bases teóricas na existência de um tripé: os princípios, *policies* e regras.

A orientação de Dworkin para os princípios é a de que eles são exigências de justiça, eqüidade e, assim, não podem ter outro papel no ordenamento jurídico que não seja o de normas superiores e vinculantes.

As regras jurídicas, ao contrário, não devem ser enquadradas no rumo da justiça ou da eqüidade, mas no juízo de validade, onde merecem ser avaliadas no jogo do tudo ou nada (*all-or-nothing*), perante o caso concreto.

As diretrizes (*policies*) plasmam os objetivos econômicos, políticos, sociais, etc., do sistema, o que, atualmente, Eros Roberto Grau denomina normas-objetivo.

Ronald Dworkin, um visionário da realidade conflitiva que permeia a interpretação do direito, assenta critérios para a aplicação dos princípios jurídicos e regras, ou seja, no confronto entre princípios jurídicos, em virtude da dimensão de peso e importância que ocupam no ordenamento, não se pode concluir que um dos princípios deva ser tido como inválido, pois não vigora juízo de validade para e entre eles, mas apenas se afasta um dos dois, para o caso concreto. E, ao revés, no conflito entre regras, como afirmado o jogo do tudo ou nada, e agora sim, juízo de validade, na seara da lógica disjuntiva, finaliza-se pela exclusão de uma das regras, porque, em prol da situação fática, só uma pode prevalecer.

3.2.2 Robert Alexy[19]

As bases da concepção teórica de Robert Alexy estão assentadas nas generalidades da teoria de Ronald Dworkin, logo, na ampla ad-

---

19 ALEXY, Robert. *Teoria de los derechos fundamentales*, 1993; *Teoria de la argumentación jurídica*, 1997; *Derecho y razón práctica*, 1998; e *Teoria da argumentação jurídica*: a teoria do discurso racional como teoria da justificação jurídica, 2001.

missibilidade dos princípios jurídicos e no distanciamento ao sistema da estrita legalidade de Herbert Hart.

Entretanto, Alexy progride sobre um patamar para a teoria do direito ainda mais amplo que o de Dworkin, vez que inclui nessa teoria o foco da argumentação jurídica.

Com efeito, esse jurista formula a acepção de que a teoria do direito é uma combinação indissociável das premissas estabelecidas pela Teoria dos Princípios adicionada à argumentação jurídica.

A essencialidade da argumentação jurídica posta por Alexy na teoria do direito se materializa na pragmática de que o discurso judicial se encontra envolvido pela necessidade de motivação e esse ato do magistrado precisa indiscutivelmente operacionalizar-se, por intermédio da chave principal de concretização do campo argumentativo que é a máxima da proporcionalidade.

Por isso, para o jurista em tela, o princípio é um mandato de otimização, devendo ser aplicado na maior medida do possível, com todas as suas forças de possibilidades fáticas e jurídicas.

E somente se atinge essa maior medida do possível, desde que se extraia um nível de análise com esteio na argumentação jurídica que é oferecida pela proporcionalidade.

Para Alexy, os princípios são vazios, se não forem conjugados com uma argumentação de proporcionalidade ou de proibição de excesso. A máxima da proporcionalidade não é uma fórmula desprovida de sentido, pois o autor a delimita em três perspectivas parciais, quais sejam: a necessidade, a adequação e a proporcionalidade em sentido estrito.

A necessidade e a adequação são encartadas no campo das possibilidades fáticas e a proporcionalidade, em sentido estrito, constitui a verdadeira lei da ponderação, a relação de custo-benefício, a qual está inserida no raio das possibilidades jurídicas.

Caso haja uma colisão entre princípios, Alexy faz uso da lei da ponderação para a solução do *hard case* e não apenas o raciocínio utilizado por Dworkin do afastamento de um deles, porque o primeiro autor aprofunda com a indagação de como se dará esse afastamento, senão por intermédio da máxima da proporcionalidade que é o espelho da argumentação jurídica? Pode haver teoria do direito sem estar permeada por essa lógica?

3.2.3 Algumas conclusões sobre o tema

Apesar das críticas às teorias de Dworkin e Alexy, inegavelmente, o mérito das duas teorias foi pontificar que as normas jurídicas se subdividem em normas-princípio e normas-regra e que toda norma-regra possui como eixo uma norma-princípio.

O mérito da teoria de Dworkin está no amparo que se encontra para os conflitos entre regras com a solução do juízo de validade e, para os princípios, a conseqüência do afastamento de um deles.

No outro vértice, em Alexy, a teoria dos princípios é lapidada e se refina com a argumentação jurídica e, se a Ciência Jurídica está assentada sobre a linguagem, inquestionavelmente, aflora a necessidade dos princípios jurídicos.

Assim, conclui-se com o cotejo feito por Francisco Meton Marques de Lima: "Se a *regra* é o corpo, o *princípio* é a vida e o *valor* a alma".[20]

3.3 A DISCRICIONARIEDADE

3.3.1 Definição

O termo *discricionariedade,* segundo o dicionário Houaiss da língua portuguesa, é "característico de discricionário" e, buscando-se

[20] LIMA, Francisco Meton Marques de. *O resgate dos valores na interpretação constitucional*: por uma hermenêutica reabilitadora do homem como "ser-moralmente-melhor", p.95.

o discricionário, tem-se o que é "dependente da discrição da autoridade" e, por fim, na raiz da discrição, "é o poder que as autoridades constituídas possuem de agir livremente, desde que em defesa da ordem pública e dentro dos limites da lei".[21]

Portanto, nos dicionários gerais, depreende-se que a discricionariedade está vinculada à legalidade e ordem pública, mas dentro desse raio de ação, a autoridade atua sem nenhum tipo de restrição.

Nos moldes clássicos, a discricionariedade ganhou um conceito próprio atrelado aos administrativistas em que se firmou como contraponto do poder vinculado, dentro da óptica do controle dos atos político-econômicos.

Na seara do Direito Administrativo, criou-se o mito de associação sempre do binômio poder vinculado X poder discricionário, dentro do raio do ato administrativo, porque ele é fruto de exercício de poder.

O primeiro – o vinculado – é atinente à estrita legalidade em que todos os elementos do ato administrativo estão expressos, havendo atividade limitada, uma mera constatação do que está legalmente definido de modo completo, devendo-se apenas aplicar a lei.

O segundo – o discricionário – é um juízo subjetivo, uma exigência do governo, visto pelo campo da conveniência e oportunidade do administrador.

E, além dessa dicotomia, emergiu também o senso de que os elementos vinculados do ato administrativo são a competência, forma e finalidade, e os discricionários são os motivos e objeto.

Pronuncia-se Hely Lopes Meirelles que o poder discricionário "é o que o Direito concede à Administração, de modo explícito ou implícito, para a prática de atos administrativos com liberdade na escolha de sua conveniência, oportunidade e conteúdo".[22]

Themístocles Brandão Cavalcanti reverbera que

---

21 HOUAISS, Antonio. *Dicionário Houaiss da Língua Portuguesa*, p.1053.

22 MEIRELLES, Hely Lopes. *Direito administrativo brasileiro*, p.102.

> a ação discricionária, e nisso tem razão a teoria de Kelsen, pode ser exercida em qualquer esfera, de momento que, na aplicação ou na interpretação da lei, tenha deixado ao intérprete uma faixa em branco, dentro da qual possa escolher a solução mais conveniente, mais oportuna, mais eficaz.[23]

O que se indaga é: esses dois sentidos da discricionariedade – o dos dicionários e o do Direito Administrativo clássico – são compatíveis com a atuação do Poder Judiciário?

Os próprios administrativistas, com o decorrer do tempo, passaram a visualizar uma nova feição da discricionariedade, como a que

> não se adscreve ao campo das opções administrativas efetuadas com base em critérios de conveniência e oportunidade – tema concernente ao mérito do ato administrativo. Certamente o compreende, mas não se cinge a ele, pois também envolve o tema da intelecção dos conceitos vagos. Resulta, pois, que são incorretos – por insuficientes – os conceitos de discricionariedade que a caracterizam unicamente em função do tema do 'mérito' do ato administrativo, isto é, da 'conveniência ou oportunidade do ato', como leciona Celso Antonio Bandeira de Mello.[24]

Por conseguinte, atualmente no Direito Administrativo, conclui-se pela visão da discricionariedade, recepcionando-se a fluidez dos conceitos tidos por "indeterminados".

Diz Alberto Gosson Jorge Junior que

> há de se ver, todavia, que se por um lado aceita-se os "conceitos indeterminados", tal fluidez ou imprecisão que estão previstas *in abs-*

---

[23] CAVALVANTI, Themístocles Brandão. "Do poder discricionário". In: *Revista de Direito* Administrativo, v. 101, jul.-set. 1970, p.3.

[24] BANDEIRA DE MELLO, Celso Antonio. *Discricionariedade e controle jurisdicional*, p.27-8.

trato na norma, que poderão ou não se dissipar quando verificada a hipótese *in concreto*, propiciam uma limitação da discricionariedade, ampliando-se a ingerência do Judiciário na esfera administrativa ao se perseguir a "finalidade ótima" da norma.[25]

Desse modo, no Judiciário, indubitavelmente não se pode falar em binômio de conveniência-oportunidade para se atingir a solução "correta e justa" ou, melhor traduzindo, mais razoável para o caso concreto. Nega-se peremptoriamente a discricionariedade judicial, nessa visão paradigmática clássica dos administrativistas, contudo, não se vislumbra atrito na feição da discricionariedade como perspectiva ótima da norma, em prol do Poder Judiciário.

3.3.2 Conceitos jurídicos indeterminados estão na base do poder discricionário?

A questão da discricionariedade envolve a recepção ou não dos conceitos jurídicos indeterminados?

Antes de se fazer a síntese dos balizamentos teóricos realizados pelos espanhóis, é de se registrar que, no Brasil, Eros Roberto Grau,[26] em aguçada crítica, enceta que, na realidade, não se trata de conceito jurídico indeterminado, mas, sim, de termo indeterminado e explica de modo perspicaz que

> é a indeterminação a que nos referimos, na hipótese, não é dos conceitos jurídicos (idéias universais), mas de suas expressões (termos); logo, mais adequado será referirmo-nos a termos indeterminados de conceitos, não a conceitos (jurídicos ou não) indeterminados.

---

[25] JORGE JR., Alberto Gosson. *Subsídios para uma interpretação das cláusulas gerais no novo Código Civil*, p.78.

[26] GRAU, Eros Roberto. *O direito posto e o direito pressuposto*, p. 146.

Concorda-se com o autor, ao levantar que o apropriado seria considerar-se os termos indeterminados e não os conceitos, contudo, deixa-se adiante a expressão, para se atingir a fidelidade da exposição do pensamento originário.

Como se enunciou no item anterior, com esteio na doutrina de um dos mais conceituados administrativistas brasileiros – Celso Antonio Bandeira de Mello[27] – existe a tendência nacional de se introduzir os termos jurídicos indeterminados no seio da concepção teórica do poder discricionário e se passar a tomá-los como irradiação desse.

Está correta essa íntima relação, chegando a ser feita uma paridade e redução dos conceitos tidos por "indeterminados", tais como improbidade, eficiência, ordem pública, moralidade, etc. ao núcleo de condensação da discricionariedade?

Busca-se a referência a tal tema em dois autores clássicos, quais sejam, Eduardo García de Enterría e Tomás-Ramón Fernández,[28] para se ingressar no estudo dos conceitos jurídicos indeterminados e se existe mesmo essa conexão.

Para os dois autores citados, há dois tipos de conceitos nas leis: os determinados, em que não se admite a discrição, pois são delimitados ao âmbito da realidade a que se referem, como, à guisa de ilustração, a situação da maioridade ou de prazos e, por outro lado, os indeterminados, cujos limites não são precisos, são elásticos, tendo por viga mestra os conceitos de valor ou de experiência.

A estrutura do conceito jurídico indeterminado possui: o núcleo fixo ou zona de certeza positiva, a zona intermediária ou de incerteza e a zona de certeza negativa.

A zona intermediária é a que patenteia que o juiz, diante do litígio, está em face da incerteza e deve, ao julgar, atrofiá-la e se condu-

---

[27] BANDEIRA DE MELLO, Celso Antonio. *Discricionaridade e controle jurisdicional*, p.22-8.

[28] ENTERRRÍA, Eduardo García de; FERNÁNDEZ, Tomás-Ramón. *Curso de derecho administrativo*, p. 440-62.

zir às zonas de certeza positiva ou negativa e, portanto, dizer que existe, por exemplo, a improbidade ou excluí-la, dizendo que não existe.

Agora, o que se pergunta é se essa atividade do juiz de condução às zonas de certeza positiva, no sentido de restar elucidada a improbidade ou negativa, no caminho da sua exclusão, na presença dos fatos concretos, rege-se pela discricionariedade? Ou seja, na afirmação ou não dos fenômenos que se pautam como conceitos indeterminados, encontra-se a discricionariedade?

Chegou-se ao cerne: o poder discricionário, como foi talhado pela doutrina clássica, na razão de ser do par conveniência-oportunidade, é diametralmente oposto dos objetivos e resultantes que norteiam os conceitos jurídicos indeterminados.

Extraindo-se as conclusões dos juristas mencionados, têm-se os seguintes pontos antitéticos:

a) no poder discricionário, vigora uma pluralidade de soluções justas, enquanto nos conceitos indeterminados, só é permitida uma única solução justa;
b) na discricionariedade, há a liberdade de opção entre alternativas justas e, ao contrário, nos conceitos subsiste apenas a subsunção a uma categoria legal circunscrita ao caso concreto;
c) o poder discricionário se fundamenta em critérios extrajurídicos, como no caso em que o Poder Público resolve designar funcionários para as eleições e se pauta sob determinados critérios. Na esfera dos conceitos indeterminados, não incide a vontade do aplicador; e
d) no rumo da discricionariedade, o juiz não detém poder de fiscalização e, na direção oposta, os conceitos indeterminados dão ensanchas à atividade judicial fiscalizadora, posto que se parte de uma situação determinada.

Por conseguinte, os dois doutrinadores esboçam que nem mesmo na zona intermediária ou de incerteza dos conceitos indeterminados remanesce a discricionariedade.

No caso concreto, o que deflui de modo totalmente razoável desses dois níveis apartados, discricionariedade x conceitos indeterminados, é se vislumbrar que ao se adotar o conceito indeterminado longe do patamar discricionário proporciona-se uma técnica de controle do exercício do poder discricionário, porque se restringe o circuito de atuação desse.

Nesse caminho, abraçando-se a distinção feita entre o poder discricionário e os conceitos jurídicos indeterminados, sobrevive para o Poder Judiciário a discricionariedade?

Eros Roberto Grau abreviou de modo magistral as duas acepções, quando afirma que "no exercício da discricionariedade o sujeito cuida da emissão de juízos de oportunidade, na eleição entre indiferentes jurídicos; na aplicação de conceitos indeterminados o sujeito cuida da emissão de juízos de legalidade. Por isso é que – e não porque o número de soluções justas varia de uma outra hipótese – são distintas as duas técnicas".[29]

Aderindo à noção clássica da discricionariedade como juízo de oportunidade-conveniência, torna-se impossível acolher essa visão de mundo no Poder Judiciário. O ato jurisdicional não pode estar ao sabor das oscilações subjetivas.

Nega-se, com efeito, a existência de discricionariedade judicial com essas configurações.

3.3.3 Fatores que afastam a discricionariedade judicial

Em virtude da asserção negativa em prol da discricionariedade judicial, o que é que efetivamente subsiste ao Poder Judiciário, perante os conceitos vagos ou termos indeterminados ou hodiernamente com o contorno das cláusulas gerais?

O que se tem é a interpretação-aplicação do direito por parte dos magistrados.

---

[29] GRAU, Eros Roberto. Op. cit., p. 149.

Outro dogma que vale destacar é o de que, como refletem os administrativistas, retomando o professor Celso Antonio Bandeira de Mello, associa-se a discricionariedade à interpretação.

Deve-se ressaltar que, apesar de não comungar da tese de que a discricionariedade está em conexão com a interpretação, Ricardo Guastini,[30] em razão de visualizar a discricionariedade da perspectiva de se atingir o intuito mais aceitável proveniente da norma, conclui que a identificação dos princípios jurídicos é atividade que envolve a discricionariedade e, portanto, na sua concepção, essa última, na busca do princípio, interpreta sempre.

Na discricionariedade não há atitude interpretativa. Nela somente tem espaço para escolhas que não estão qualificadas no universo jurídico, por isso, são indiferentes. Os critérios estabelecidos não têm amálgama na lei, mas em circunstâncias fáticas que denotam a conveniência e oportunidade da situação que se apresenta.

Para ilustrar, se a Administração resolve conceder, nas férias de julho, férias para dez funcionários de um setor de quinze, seu ato discricionário leva em consideração os aspectos fáticos de que a seção, nessa época do ano, pela experiência adquirida nos anos anteriores não fica congestionada, pois o movimento tende a decréscimo e, com isso, oportunamente, não haverá prejuízo. No exemplo tracejado, não significa dizer que essa seja a solução correta e, muito menos, concretizou-se a lei, pois apenas se dispôs de determinados parâmetros de atuação que deságuam num juízo de conveniência do ato.

Para que se elucide melhor o paralelo entre interpretação e discrionariedade, há necessidade de se infirmar o que se entende por interpretação.

---

[30] GUASTINI, Ricardo. "Principi di diritto e discrezionalità giudiziale". In: *Clausole e principi generale nell'argomentazione giurisprudenziale degli anni novanta*, p. 85-103.

Para o alcance da definição de interpretação, estipula-se uma preliminar, mas fundamental, premissa: o discurso judicial é essencialmente dialógico.[31]

Mas a partir dessa premissa, outra se impõe: antes do discurso judicial, o Poder Legislativo cria os enunciados jurídicos, cuja função é imediatamente estática e, somente a partir do caso concreto, saem do estado de inércia, ganham o aspecto dinâmico e são interpretados e aplicados pelo Poder Judiciário.

Com efeito, expostas essas duas premissas, conclui-se que a hermenêutica[32] é o primeiro nível dos enunciados jurídicos e que está totalmente permeado pela abstração, enquanto na fase do discurso judicial ultrapassa-se esse patamar abstrato e se atinge o dinâmico, porque o juiz interpreta e aplica o enunciado jurídico,[33] dando-lhe vida.

Interpretar é, portanto, trabalho da compreensão. A maneira como o intérprete compreendeu é exteriorizada e tornada conhecida, demonstrando, dentro dessa razão, que existiam milhares de possibilidades e só uma foi selecionada como a melhor.

---

[31] O sentido aqui tomado do termo "dialógico" é o empregado por Tercio Sampaio Ferraz Junior, para quem "o objeto do discurso judicial é dialógico – *dubium* – de discussão-contra – conflitivo". *Direito, retórica e comunicação:* subsídios para uma pragmática do discurso jurídico, p.74.

[32] Faz-se a distinção entre a hermenêutica e a interpretação jurídica com base nos ensinamentos de Carlos Maximiliano. Para ele, a hermenêutica constitui o nível abstrato dos enunciados jurídicos. A interpretação é voltada para o caso concreto e representa a aplicação da hermenêutica. *Hermenêutica e aplicação do direito*, p. 1.

[33] O termo "enunciado jurídico" aqui é usado como o fazem Manuel Atienza e Juan Ruiz Manero. Para eles, os enunciados jurídicos se referem a orações jurídicas significativas, isto é, interpretadas. Dizem: "Los enunciados jurídicos constituyen, nos parece, las unidades más elementales del Derecho, pero esas piezas sólo adquieren plenamente sentido cuando se comprende bien cuál es su contribución a la conformación y al funcionamiento del Derecho. No son simplemente piezas de um rompecabezas, sino de una realidad dinámica y enormemente compleja como es el Derecho de las sociedades contemporáneas". *Las piezas del derecho*: teoría de los enunciados jurídicos, p. XIII, nota de rodapé 2, e XIV, prefácio.

Remata-se com Celso Ribeiro Bastos,[34] para quem "quando se lê um dispositivo, acredita-se que se aplique a inúmeras situações. É exatamente a interpretação que vai aclarar qual o objetivo, o alvo daquela norma, determinando seu raio de alcance em face dos inúmeros casos concretos que surgem. E não é apenas questão de se adotar uma das inteligências possíveis. A interpretação obriga a uma opção, dentre as escolhas possíveis, por aquela que seja a melhor".

Nessa vereda, é por isso que Eros Roberto Grau[35] chama atenção ao fenômeno de que o Direito Administrativo instalou a associação de que discrionariedade implica interpretação, porém, essa afirmação não estaria respaldada, por meio desse outro raciocínio.

A interpretação resulta como conseqüência na liberdade do intérprete nas escolhas entre as possíveis soluções corretas, enquanto a discricionariedade não requer o sentido da norma jurídica, investese fora do campo jurídico, por meio de elementos extrajurídicos – subjetivos – para dimensionar o fato.

Deve-se deixar transparente que, quando se iniciou a análise desse item entre os níveis da discricionariedade e interpretação e se negou até o presente momento a discricionariedade judicial, precisa-se dispor que essa não ocorre como regra, todavia, residualmente pode-se tê-la, inclusive dentro da perspectiva do juízo de oportunidade e da receptividade de fatores extrajurídicos.

Um exemplo no processo civil brasileiro de discricionariedade é o art. 461, § 5º, quando dispõe que o juiz, *ex officio*, determinará qual medida de apoio incidirá para cumprimento da tutela específica das obrigações de fazer, não fazer e entrega de coisa ou para se atingir a tutela de equivalência, porque levará em consideração a medida mais oportuna e conveniente, em virtude de fatores extrajurídicos. Já um dos termos indeterminados no processo civil brasi-

---

[34] BASTOS, Celso Ribeiro. Hermenêutica e interpretação constitucional, p. 32.

[35] GRAU, Eros Roberto. Op. cit., p.152-60.

leiro que gera simplesmente interpretação é o da prova inequívoca da verossimilhança da alegação no instituto da antecipação de tutela disposto no art. 273.

O que se pretende nesse trabalho é deixar claro que a discricionariedade judicial não é, nem pode valer como norma de conduta básica ao juiz, mas isso não significa extirpá-la por completo. Ela sobrevive, contudo, somente num nível subsidiário e não principal.

A discricionariedade, nas sábias palavras de Eros Roberto Grau,[36] "é atribuída pela lei e não decorre da lei".

Nesse diapasão, os conceitos tidos como vagos ou os termos indeterminados e as cláusulas gerais são solucionadas pelo que se compreende da lei e não que se tenha conveniência pela lei para o juiz agir como queira.[37]

Como bem salienta Maria Sylvia Zanella Di Pietro, "a lei deixa à Administração um espaço para utilizar critérios puramente administrativos, de oportunidade e conveniência, mas não os fornece ao Poder Judiciário, no exercício da função jurisdicional".[38]

A discricionariedade judicial só toma parte nos estreitos lindes de permissão conferidos pela lei.

---

[36] Idem, p.141.

[37] No mesmo sentido, em prol da diferenciação entre a interpretação dos conceitos vagos ou indeterminados com a discricionariedade, pronunciam-se: BARBOSA MOREIRA, José Carlos. "Regras de experiência e conceitos jurídicos indeterminados". In: *Temas de direito processual*, p. 65-6; WAMBIER, Teresa Arruda Alvim. "Da liberdade do juiz na concessão de liminares e a tutela antecipatória". In: *Aspectos polêmicos da antecipação de tutela*, p. 505-30; *Controle das decisões judiciais por meio de recursos de estrito direito e de ação rescisória:* recurso extraordinário, recurso especial e ação rescisória: o que é decisão contrária à lei?, p. 366 e segs.; QUEIRÓ, Afonso Rodrigues. "Os limites do poder discricionário das autoridades administrativas". In: *Revista de Direito Administrativo*, n. 97, jul.-set. 1969, p. 2 e segs.; COUTO E SILVA, Almiro do. "Poder discricionário no direito administrativo brasileiro". In: *Revista de Direito Administrativo*, n. 179-180, jan.-jun. 1990, p. 57-9.

[38] DI PIETRO, Maria Sylvia Zanella. *Discricionariedade administrativa na Constituição de 1988*, p. 47.

A interpretação, ao revés, faz-se presente na rotina do Poder Judiciário e se plasma pelo uso dos princípios gerais do direito e, sobremaneira hoje, por intermédio da lógica do razoável, da aceitabilidade e adequação da decisão judicial, oriunda dos princípios da razoabilidade e proporcionalidade que viabilizam a abertura do sistema jurídico.

3.4 DECISÃO JUDICIAL E INTERPRETAÇÃO E O PAPEL DOS PRINCÍPIOS JURÍDICOS

Tomou-se posição anteriormente em prol da interpretação e não da discricionariedade judicial como regra, com base nos princípios gerais do direito, visto que o campo da decisão judicial é o da argumentação e essa está indissociavelmente atrelada à interpretação.[39]

A interpretação dá vida ao texto do enunciado jurídico e o intérprete judicial, ao decidir racionalmente fundamentado, toma por base argumentos adequados e aceitáveis.[40]

Aplicar o direito consiste na tarefa de tomar o fato e entranhá-lo no enunciado jurídico adequado.

---

[39] Merece consulta CAMARGO, Margarida Maria Lacombe. *Hermenêutica e argumentação*: uma contribuição ao estudo do direito, p. 19-20.

[40] A favor da íntima conexão entre a argumentação e a interpretação, consultar ASÍS, Rafael de. "La interpretación y la aplicación del derecho". In: PECES-BARBA, Gregório et al. *Curso de teoria del derecho*, p. 232 e segs. "Lo que aquí me interesa destacar es la posibilidad de un cuarto enfoque que consiste en considerar al Derecho como un intento, una técnica, para la solución de determinados problemas prácticos. Se trata de una visión eminentemente instrumental, pragmática y dinámica del Derecho que presupone, utiliza y, en cierto modo, da sentido a las anteriores perspectivas teóricas y que conduce, en definitiva, a considerar el Derecho como argumentación". ATIENZA, Manuel. *Derecho y argumentación*, p. 19-26.

Logo, o ajuste do enunciado jurídico pelo magistrado aos novos costumes e valores sociais é capital.[41]

Por isso, o balizamento que envolve a atividade judicante é o da interpretação de qualquer enunciado jurídico que representa a seleção de um sentido totalmente coerente, se estiver segundo a Constituição Federal.[42] Sob essa vertente, a importância das cláusulas gerais está na materialização do binômio interpretação e aplicação com a argumentação, ocasionando a dinâmica do e no ordenamento jurídico.

E, sob esse prisma, o direito é o resultado de um processo histórico concreto e, como vir-a-ser do fenômeno jurídico, é materializado pela aplicação criativa e adequada pelo Poder Judiciário das cláusulas gerais ou termos de conteúdo elástico ou hipóteses abertas.

Nesse sentido, a lição de Judith Martins-Costa é a de que "considerada sob o ponto de vista da técnica legislativa, a cláusula geral constitui, portanto, uma disposição normativa que utiliza, no seu enunciado, uma linguagem de tessitura intencionalmente 'aberta', 'fluida' ou 'vaga', caracterizando-se pela ampla extensão do seu cam-

---

[41] Carlos Alchourrón y Eugenio Bulygin demonstram esse efeito devastador do tempo sobre o sistema jurídico e a sua necessidade de adaptação, contudo, enfatizam a produção legislativa, com o que aqui se discorda, por se entender que esse trabalho que patenteia o caráter dinâmico do direito deve estar a cargo do Poder Judiciário e não do Legislativo. Transcreve-se o trecho dos autores: "Pero hay un sentido en que se puede hablar de la existencia temporal de las proposiciones, inclusive proposiciones con sentido normativo, a saber, la pertenencia de uma proposición a un sistema, siempre que se trate de un sistema dinámico, es decir, un sistema que está sujeto a cambios en el tiempo. Los sistemas normativos y, en particular, los sistemas jurídicos suelen ser dinámicos precisamente en este sentido. Esto significa que un sistema jurídico no tiene un contenido fijo, como ocurre con los sistemas estáticos (por ejemplo, un sistema de geometría: su contenido queda fijado una vez que se fijen sus axiomas y las reglas de inferencia y no está sujeto a cambios ulteriores). En cambio, en los sistemas dinámicos pueden introducirse nuevas normas al sistema y pueden eliminarse normas que pertenecían al sistema: su contenido es distinto en cada momento temporal". *Sobre la existencia de las normas jurídicas*, n. 39, p. 61.

[42] VELOSO, Zeno. *Controle jurisdicional de constitucionalidade*, p. 169 e segs.; SILVA, Celso de Albuquerque. *Interpretação constitucional operativa*, p. 70 e segs.

po semântico, a qual é dirigida ao juiz de modo a conferir-lhe um mandato (ou competência) para que, à vista dos casos concretos, crie, complemente ou desenvolva normas jurídicas, mediante o reenvio para elementos cuja concretização pode estar fora do sistema; estes elementos, contudo, *fundamentarão* a decisão, motivo pelo qual, reiterados no tempo os fundamentos da decisão, será viabilizada a *ressistematização* destes elementos originariamente extra-sistemáticos no interior do ordenamento jurídico".[43]

No direcionamento exposto, os novos valores penetram na sociedade via princípios de direito que congregam os gerais do direito e os constitucionais e também pelas cláusulas gerais.

Ocorre que, como são normas, tanto as cláusulas gerais, como os princípios geraram a total limitação do campo da discricionariedade judicial como juízo de oportunidade e conveniência, vez que o Judiciário é obrigado a motivar suas decisões judiciais, sob pena de nulidade, consoante o art. 93, IX, da Constituição de 1988, e essa motivação decorrerá da utilização dos princípios jurídicos, como forma de se atingir o grau de otimização desejado pelo sistema jurídico.

Cumpre salientar que essa motivação, como conseqüência dos princípios, não é um caminho fácil, pois esses são infinitos e, dada a sua multiplicidade, rotineiramente surgem os conflitos no momento da interpretação pelo juiz para a prolação da decisão. E como resolver os conflitos instaurados?

3.4.1 Os conflitos no momento da interpretação judicial e as soluções

Se a interpretação é a regra para o magistrado e não o campo da discricionariedade, não significa concluir que ela seja dotada de relativa simplicidade na sua operacionalização, porque se está diante de poder vinculado.

---

[43] MARTINS-COSTA, Judith. *A boa-fé no direito privado*, p. 303.

Como o sistema jurídico é plural e não detém caráter unívoco, diversas são as regras jurídicas e os princípios jurídicos, levando perfeitamente à viabilidade de antinomias.

Para a resolução dessas colisões entre regras ou entre princípios, faz-se mister trafegar pela seara dos princípios da razoabilidade e da proporcionalidade.

A importância dos princípios da razoabilidade e da proporcionalidade primordialmente aflora porque ambos conferem ao sistema a viabilidade do exercício do controle das arbitrariedades do Poder Público e caracterizam-se como pautas de interpretação e aplicação dos enunciados jurídicos.

Com efeito, qualquer operação mental do intérprete do direito necessariamente trilhará o caminho ou da razoabilidade ou da proporcionalidade, por serem fios condutores, numa perspectiva política, do controle dos atos exercidos pelo Poder Público e por serem os paradigmas de implemento das normas jurídicas.

Numa primeira análise acerca dos princípios da razoabilidade e da proporcionalidade, destaca-se que há séria cizânia doutrinária a respeito da similitude ou diferenciação entre os dois.

Instaurou-se uma discussão terminológica e Gilmar Ferreira Mendes[44] posicionou-se pela semelhança entre os dois termos e, de outra banda, Willis Santiago Guerra Filho[45] é ardoroso defensor da distinção.

Firma-se posicionamento em prol da diferenciação, vez que tanto a razoabilidade quanto a proporcionalidade possuem traços históricos, dimensionamento e funções diversificadas.

No momento histórico, a raiz da razoabilidade está vinculada ao Direito norte-americano, em conseqüência do desenvolvimento das

---

[44] MENDES, Gilmar Ferreira. *Direitos fundamentais e controle de constitucionalidade*: estudos de direito constitucional, p.42-4.

[45] MENDES, Gilmar Ferreira. *Processo constitucional e direitos fundamentais*, p.67 e segs.

fases do devido processo legal[46] (*due process of law*), nas suas feições procedimental (*procedural*) e substancial (*substantive*).

Por isso, no Direito americano, se o enunciado jurídico decorrente do Poder Legislativo não estiver balizado pela racionalidade e igualdade, como instrumento de defesa dos direitos individuais, sociais, econômicos ou coletivos, o Poder Judiciário desconsidera a norma posta pelo Poder Legislativo e não a aplica, embasando-se no princípio da razoabilidade, como parâmetro para a aceitação da decisão pela sociedade.

De outra sorte, o nascedouro da proporcionalidade foi o Direito alemão. Seu contexto de propagação foi após a Segunda Guerra Mundial e a nova mentalidade se instalou na Europa, adquirindo *status* de imperativo substancial do Estado de Direito diante do arbítrio.

No que tange ao aspecto do dimensionamento, a proporcionalidade está regida sob três elementos: a necessidade (é o exigível, o indispensável), a adequação (atingir o fim proposto) e a proporcionalidade em sentido estrito (relação custo-benefício). Assim, a proporcionalidade postula uma fundamentação procedimentalizada.

Já a razoabilidade não possui quesitos constitutivos e cumulativos para a sua incidência, bastando para o seu exercício que se dê preferência para o razoável, o aceitável socialmente na visão de Perelman[47] ou dentro da lógica do razoável de Recaséns Siches.[48] O ra-

---

[46] Para aprofundamento a respeito do tema, merecem consulta: CASTRO, Carlos Roberto de Siqueira. *O devido processo legal e a razoabilidade das leis na nova Constituição do Brasil*, p.157-68 e 381; LIMA, Maria Rosynete Oliveira. *Devido processo legal*, p.279-87; e GORDILLO, Augustín. *Tratado de derecho administrativo*, p.VI-37-VI-38.

[47] PERELMAN, Chäim. *Lógica jurídica*, 1998, p. 130.

[48] SICHES, Luís Recasens. *Nueva filosofia de la interpretación del derecho*, p. 277-91. E, para aprofundamento, consulte-se a análise de MENDONÇA, Paulo Roberto Soares. *A argumentação nas decisões judiciais*, p. 53-7.

zoável é depreendido com base na motivação racional,[49] não havendo nenhum elemento que se conjugue a essa razoabilidade.

E, quanto à função, a razoabilidade se esgota na função de bloqueio. Bloqueio do que é inaceitável ou arbitrário. Logo, considera-se o princípio em si mesmo, possuindo função negativa,[50] na esteira do estabelecimento do que é inadmissível.

A proporcionalidade é detentora da função de bloqueio, mas também incorpora a de resguardo na materialização da melhor medida possível dos direitos constitucionais fundamentais. Esse aspecto demonstra sua função positiva.

Nesse breve quadro comparativo entre os princípios da razoabilidade e da proporcionalidade, extrai-se que os conflitos entre princípios ou entre regras na hora da concretização da interpretação judicial restarão balizados inevitavelmente pelos princípios da razoabilidade e da proporcionalidade, cuja finalidade nas palavras de Alberto Gosson Jorge Junior promoverão o "balanceamento axiológico".[51]

Não se pode, nos dias atuais, deixar de considerar que esses dois princípios têm fundamento constitucional, pois, apesar de serem

---

[49] A íntima ligação entre a razoabilidade e a motivação da decisão judicial é captada nesse trecho de Stamatis que ora se transcreve: "Motiver un jugement juridique signifie grosso modo inférer de manière raisonnable des conséquences légales à partir d'une proposition normative justifiée et d'um faisceau de propositions empiriques argumentées, apte à motiver une qualification juridique appropriée" (p. 185). "Cependant, sans vouloir pulvériser l'importance des contraintes évoquées ci-avant, nous estimons que les instances décisionnelles d'un État démocratique doivent se diriger vers les décisions les plus raisonnables" (p. 222). *Argumenter en droit:* une théorie critique de l'argumentation juridique.

[50] Distinção entre a proporcionalidade e razoabilidade nas suas funções positiva e negativa, respectivamente, foi extraída do magistério de GUERRA FILHO, Willis Santiago (coord.). "Direitos fundamentais, processo e princípio da proporcionalidade". In: *Dos direitos humanos aos direitos fundamentais*, p. 25-6.

[51] JORGE JR., Alberto Gosson. *Subsídios para uma interpretação das cláusulas gerais no novo Código Civil*, p. 197.

implícitos, não significa dizer que não existem, possuem seus fundamentos no sistema do Texto Maior de 1988.

Para alguns, o fundamento da proporcionalidade é o devido processo legal exposto no art. 5º, LIV, da Constituição de 1988, sendo que encontra maior número de adeptos no Brasil. Merecem ser citados, somente à guisa de exemplificação, Raquel Denize Stumm,[52] Gilmar Ferreira Mendes[53] e Paulo Armínio Tavares Buechele.[54]

Konrad Hesse, ao desenvolver sua obra *Elementos de Direito Constitucional da República Federal da Alemanha,* conclui que o fundamento da proporcionalidade reside no princípio do Estado de Direito.[55] Nesses mesmos passos, encontram-se Helenilson Cunha Pontes[56] e Nelson Nery Junior.[57]

Suzana Toledo de Barros[58] e Celso Antonio Bandeira de Mello[59] adotam posição pluralista, citando uma gama de dispositivos voltados para o sentido e alcance da proporcionalidade.

Nossa posição é em prol da fundamentação da proporcionalidade atinente ao Estado Democrático de Direito, por ser o mais amplo, abrangendo todos os outros mencionados e esse constituir o pilar do sistema jurídico.

---

[52] STUMM, Raquel Denize. *Princípio da proporcionalidade no Direito Constitucional brasileiro*, p. 173.

[53] MENDES, Gilmar Ferreira. *Moreira Alves e o controle de constitucionalidade no Brasil*, p. 119.

[54] BUECHELE, Paulo Arminio. *O princípio da proporcionalidade e a interpretação da Constituição*, p. 148.

[55] HESSE, Konrad. *Elementos de Direito Constitucional da República Federal da Alemanha*, p. 158-9.

[56] PONTES, Helenilson Cunha. *O princípio da proporcionalidade e o Direito Tributário*, p. 50.

[57] NERY JR., Nelson. *Princípios do processo civil na Constituição Federal*, p. 155.

[58] BARROS, Suzana Toledo de. *O princípio da proporcionalidade e o controle de constitucionalidade das leis restritivas de direitos fundamentais*, p. 87-94 e 210.

[59] BANDEIRA DE MELLO, Celso Antonio. *Curso de Direito Administrativo*, p. 80.

Em relação à razoabilidade, deve-se destacar que é um princípio que merece ser extraído do rol dos princípios da Administração Pública localizados no art. 37 da Carta de 1988.

Por isso é que, a partir dessa exposição, extrai-se que o sistema jurídico não pode ser jamais fechado, deve ser aberto e estar intimamente relacionado com o nível da tópica de Theodor Viehweg.[60]

Não se pode abandonar, como pretendeu Viehweg, a noção de sistema para o Direito, porque dela irradiam coerência, adequação, unidade e eficácia nessa acepção do ordenamento jurídico.

Desse modo, como perfeitamente idealizado por Canaris, "não há, assim, uma alternativa rígida entre o pensamento tópico e o sistemático, mas antes uma complementação mútua. Quão longe vai um ou outro determina-se, em termos decisivos, de acordo com a medida das valorações jurídico-positivas existentes, assim se explicando também o fato de a tópica jogar um papel bastante maior em setores fortemente marcados por cláusulas gerais como o Direito constitucional ou em áreas reguladas de modo muito lacunoso como o Direito internacional privado do que, por exemplo, no Direito imobiliário ou no Direito dos títulos de crédito".[61]

3.5 CONCLUSÕES

O ordenamento jurídico é um sistema aberto sujeito às influências econômicas, políticas, sociais etc., sendo que o funcionamento satisfatório depende da sua reavaliação constante, tentando acompanhar a velocidade dos fatos e os novos valores incorporados à sociedade.

Para se atingir o intuito de sobrevivência do sistema jurídico posto, ele não pode enclausurar-se somente nas regras jurídicas, mas devem nele preponderar essencialmente os princípios jurídicos.

---

[60] VIEHWEG, Theodor. Tópica y jurisprudencia, parágrafos 3, 4 e 7.

[61] CANARIS, Claus-Wilhelm. Op. cit., p. 277.

Os princípios são normas jurídicas supremas e a aquisição desse *status* no ordenamento foi bastante lenta, posto que eles somente foram guindados ao topo do sistema normativo com a fase pós-positivista que sucedeu as anteriores jusnaturalista e positivista.

A importância dos princípios aflora da sua multiplicidade funcional – integrativa, interpretativa, delimitativa e fundante – constituindo-se em um instrumento operativo fundamental ao intérprete judicial, visto que enuncia valores.

Para a compreensão dos princípios jurídicos, não se pode deixar de fazer incursão nas distinções entre princípios e regras e as concepções teóricas básicas sobre o assunto são encontradas em Ronald Dworkin e Robert Alexy.

Para Ronald Dworkin, os princípios embasam as regras. Com isso, os princípios estão dimensionados sob o patamar da justiça ou eqüidade e as regras, no âmbito da validade, no jogo do *all-or-nothing*.

Por outro lado, Robert Alexy avança sobre a teoria de Dworkin e busca para o direito o nível da argumentação. O discurso judicial está assentado sobre a pragmática e, em prol da consideração dessa asserção, o princípio deve ser aplicado na maior medida do possível, como mandato de otimização, traduzindo-se como proporcionalidade.

Após o estabelecimento no sistema jurídico das regras e dos princípios, da necessidade e primazia dos últimos e, particularmente, na recepção do direito no seio da teoria do discurso e, com isso, emergindo seu caráter argumentativo, indaga-se: essa realidade exposta concilia-se com a discricionariedade?

A discricionariedade, no paradigma clássico, é o juízo de oportunidade e conveniência que é conferido ao administrador público, o qual, conseqüentemente, escolhe o caminho a ser trilhado. Já sob uma perspectiva moderna, assenta-se como a finalidade ótima da norma.

A se admitir o poder discricionário, seja na acepção tradicional ou moderna, uma dúvida remanesce: a discricionariedade envolve os denominados "conceitos" jurídicos indeterminados? Os conceitos jurídicos indeterminados que se prefere a terminologia de termos indeterminados ou conceitos vagos ou cláusulas gerais não estão no cerne da caracterização da discricionariedade, porque nesta vigora uma pluralidade de soluções, de acordo com o juízo de oportunidade e, de outra banda, nos termos indeterminados, só se tem uma única solução dentro da óptica do juízo de legalidade.

Os termos indeterminados não se confundem com a discricionariedade e se fez a diferenciação na presente monografia, para se entender, se no sistema jurídico totalmente permeado de termos indeterminados enseja a discricionariedade ou apenas a interpretação judicial.

Na discricionariedade não há atitude intepretativa, posto que, nela somente há espaço para escolhas não qualificadas no mundo jurídico, logo, no Poder Judiciário, o magistrado não pode agir sem a devida qualificação jurídica – o juízo de legalidade – e, em decorrência disso, afirma-se não haver lugar para a discricionariedade judicial, como juízo de oportunidade, subsistindo somente a interpretação como fonte de concretização da legalidade.

E como manejar na decisão judicial os termos indeterminados? Deve o juiz socorrer-se dos princípios jurídicos no momento da interpretação. Se os princípios são a força matriz e motriz do sistema, promovendo sua abertura, no magistério de Renan Lotufo, eles desempenham o papel de se admitir a pluralidade e, com essa afirmativa, consegue-se solucionar os conflitos ou lacunas, primordialmente pelo emprego dos princípios da razoabilidade e proporcionalidade que otimizam o indiscutível vínculo existente entre fato-valor-norma, sob a visão tridimensional de Miguel Reale, atualizando e aperfeiçoando sempre o ordenamento jurídico.

3.6 BIBLIOGRAFIA

ALCHOURRÓN, Carlos & BULYGIN, Eugenio. *Sobre la existencia de las normas jurídicas.* México, Fontamara, 1997. Biblioteca de Ética, Filosofía del Derecho y Política, n. 39.

ALEXY, Robert. *Teoria de los derechos fundamentales*. Trad. Ernesto Garzón Valdés. Madri, Centro de Estudios Constitucionales, 1993.

______. *Teoria de la argumentación jurídica*. Madri, Centro de Estudios Constitucionales, 1997.

______. *Derecho y razón práctica*. Trad. Wistano Orozco. 2.ed. México, Fontamara, 1998.

______. *Teoria da argumentação jurídica*: a teoria do discurso racional como teoria da justificação jurídica. Trad. Zilda Hutchinson Schild Silva. São Paulo, Landy, 2001.

ALPA, Guido. *I principi generali*. Milão, Giuffrè, 1993.

ASÍS, Rafael de. "La interpretación y la aplicación del derecho". In: PECES-BARBA, Gregório et al. *Curso de teoria del derecho*. Madri, Marcial Pons, 1999.

ATIENZA, Manuel. *Derecho y argumentación*. Bogotá, Universidad Externado de Colômbia, 1997.

ATIENZA, Manuel & MANERO, Juan Ruiz. *Las piezas del derecho*: teoría de los enunciados jurídicos. Barcelona, Ariel, 1996.

BANDEIRA DE MELLO, Celso Antonio. *Discricionariedade e controle jurisdicional*. São Paulo, Malheiros, 1992.

______. *Curso de direito administrativo*. 4.ed. São Paulo, Malheiros, 1993.

BARBOSA MOREIRA, José Carlos. "Regras de experiência e conceitos jurídicos indeterminados". In: *Temas de direito processual*. 2ª série. São Paulo, Saraiva, 1988.

BARROS, Suzana Toledo de. *O princípio da proporcionalidade e o controle de constitucionalidade das leis restritivas de direitos fundamentais*. Brasília, Brasília Jurídica, 1996.

BASTOS, Celso Ribeiro. *Hermenêutica e interpretação constitucional*. 2.ed. São Paulo, Celso Bastos Editor e Instituto Brasileiro de Direito Constitucional, 1999.

BOBBIO, Norberto. *Dalla strutura alla funzione*. Milão, Comunità, 1984.

______. *Teoria generale del diritto*. Turim, Giappichelli, 1993.

______. *Teoria do ordenamento jurídico*. Trad. Maria Celeste Cordeiro Leite dos Santos. 10.ed. Brasília, UnB, 1999.

BONAVIDES, Paulo. *Curso de Direito Constitucional.* São Paulo, Malheiros, 1994.

BUECHELE, Paulo Arminio. *O princípio da proporcionalidade e a interpretação da Constituição.* Rio de Janeiro, Renovar, 1999.

BYDLINSKI, Franz. "Diritto, metodo e giurisprudenza". In: *Vita Notarile Esperienze Giuridiche*, n. 1. Palermo, Giuridiche, Buttitta, jan.-abr./1994.

CAMARGO, Margarida Maria Lacombe. *Hermenêutica e argumentação*: uma contribuição ao estudo do direito. Rio de Janeiro, Renovar, 1999.

CAMPILONGO, Celso Fernandes. *Direito e democracia.* São Paulo, Max Limonad, 1997.

CANARIS, Claus-Wilhelm. *Pensamento sistemático e conceito de sistema na ciência do direito.* 2.ed. Lisboa, Calouste Gulbekian, 1996.

CASTRO, Carlos Roberto de Siqueira. *O devido processo legal e a razoabilidade das leis na nova Constituição do Brasil.* Rio de Janeiro, Forense, 1989.

CAVALCANTI, Themístocles Brandão. "Do poder discricionário". In: *Revista de Direito Administrativo.* v. 101. Rio de Janeiro, FGV, jul.-set./1970.

COUTO E SILVA, Almiro do. "Poder discricionário no direito administrativo brasileiro". In: *Revista de Direito Administrativo,* n. 179-180. Rio de Janeiro, FGV, jan.-jun./1990.

DI PIETRO, Maria Sylvia Zanella. *Discricionariedade administrativa na Constituição de 1988.* São Paulo, Atlas, 1991.

DWORKIN, Ronald. "Is law a system of rules?" In: DWORKIN, Ronald. (org.). *The philosophy of law.* Nova York, Oxford, 1977.

______. *Taking rights seriously.* Cambridge, Harvard, 1978.

______. *A matter of principle.* Cambridge, Harvard, 1987.

______. *Los derechos en serio.* Barcelona, Ariel, 1995.

______. *Law's empire.* 9.ed. Cambridge, Harvard, 1995.

______. *O império do direito.* Trad. Jefferson Luiz Camargo. São Paulo, Martins Fontes, 1999.

ENTERRÍA, Eduardo García de; FERNÁNDEZ, Tomás-Ramón. *Curso de derecho administrativo.* 6.ed. Madri, Civitas, 1993. Tomo I.

FERRAZ JR., Tercio Sampaio. *Direito, retórica e comunicação: subsídios para uma pragmática do discurso jurídico.* 2.ed. São Paulo, Saraiva, 1997.

GORDILLO, Augustín. *Tratado de derecho administrativo.* Parte General. Colômbia, Dike, 1998.

GRAU, Eros Roberto. *O direito como sistema autopoiético.* Lisboa, Calouste Gulbekian, 1989.

GUASTINI, Ricardo. "Principi di diritto e discrezionalità giudiziale". In: *Clausole e principi generale nell'argomentazione giurisprudenziale degli anni novanta.* Milão, Cedam, 1998.

GUERRA FILHO, Willis Santiago (coord.). "Direitos fundamentais, processo e princípio da proporcionalidade". In: *Dos direitos humanos aos direitos fundamentais.* Porto Alegre, Livraria do Advogado, 1997.

______. *Princípio da proporcionalidade no Direito Constitucional brasileiro.* Porto Alegre, Livraria do Advogado, 1995.

HESSE, Konrad. *Elementos de Direito Constitucional da República Federal da Alemanha.* Trad. Luís Afonso Heck. Porto Alegre, Sérgio Antonio Fabris Editor, 1998.

HOUAISS, Antonio. *Dicionário Houaiss da Língua Portuguesa.* Rio de Janeiro, Objetiva, 2001.

JORGE JR., Alberto Gosson. *Subsídios para uma interpretação das cláusulas gerais no novo Código Civil.* São Paulo, 2003. Dissertação (Mestrado). Pontifícia Universidade Católica de São Paulo (PUC-SP).

KELSEN, Hans. *Teoria pura do direito.* Trad. João Baptista Machado. 2.ed. São Paulo, Martins Fontes, 1987.

______. *Teoria geral do direito e do Estado.* 3.ed. São Paulo, Martins Fontes, 1998.

LARENZ, Karl. *Metodologia da ciência do direito.* 2.ed. Lisboa, Calouste Gulbekian, 1989.

LIMA, Francisco Meton Marques de. *O resgate dos valores na interpretação constitucional*: por uma hermenêutica reabilitadora do homem como "ser-moralmente-melhor". Fortaleza, ABC Editora, 2001.

LIMA, Maria Rosynete Oliveira. *Devido processo legal.* Porto Alegre, Sérgio Antonio Fabris, 1999.

LUHMANN, Niklas. *Sociologia do direito.* Rio de Janeiro, Tempo Brasileiro, 1983, v. II.

MARTINS-COSTA, Judith. *A boa-fé no direito privado.* São Paulo, Revista dos Tribunais, 2000.

MAXIMILIANO, Carlos. *Hermenêutica e aplicação do direito.* 9.ed. Rio de Janeiro, Forense, 1984.

MEIRELLES, Hely Lopes. *Direito administrativo brasileiro.* 19.ed. São Paulo, Malheiros, 1994.

MENDES, Gilmar Ferreira. *Direitos fundamentais e controle de constitucionalidade*: estudos de Direito Constitucional. 2.ed. São Paulo, Celso Bastos Editor e Instituto Brasileiro de Direito Constitucional, 1999a.

______. *Processo constitucional e direitos fundamentais.* São Paulo, Celso Bastos Editor e Instituto Brasileiro de Direito Constitucional, 1999b.

______. *Moreira Alves e o controle de constitucionalidade no Brasil.* São Paulo, Celso Bastos e Instituto Brasileiro de Direito Constitucional, 2000.

MENDONÇA, Paulo Roberto Soares. *A argumentação nas decisões judiciais.* Rio de Janeiro, Renovar, 1997.

NERY JR., Nelson. *Princípios do processo civil na Constituição Federal.* 6.ed. São Paulo, Revista dos Tribunais, 2000 (col. Enrico Tullio Liebman, v. 21).

PERELMAN, Chäim. *Tratado da argumentação*: a nova retórica. São Paulo, Martins Fontes, 1996.

______. *Lógica jurídica.* Trad. Vergínia K. Pupi. São Paulo, Martins Fontes, 1998.

PIMENTA, Paulo Roberto Lyrio. *Eficácia e aplicabilidade das normas constitucionais programáticas.* São Paulo, Max Limonad, 1999.

PONTES, Helenilson Cunha. *O princípio da proporcionalidade e o Direito Tributário.* São Paulo, Dialética, 2000.

QUEIRÓ, Afonso Rodrigues. "Os limites do poder discricionário das autoridades administrativas". In: *Revista de Direito Administrativo,* n. 97. Rio de Janeiro, FGV, jul.-set./1969.

SICHES, Luís Recasens. *Nueva filosofia de la interpretación del derecho.* 2.ed. México, Porrúa, 1973.

SILVA, Celso de Albuquerque. *Interpretação constitucional operativa.* Rio de Janeiro, Lumen Juris, 2001.

STAMATIS, Constantin M. *Argumenter en droit*: une théorie critique de l'argumentation juridique. Paris, Publisud, 1995.

STUMM, Raquel Denize. *Princípio da proporcionalidade no Direito Constitucional brasileiro*. Porto Alegre, Livraria do Advogado, 1995.

TEUBNER, Gunther. *O direito como sistema autopoiético*. Lisboa, Calouste Gulbekian, 1989.

VELOSO, Zeno. *Controle jurisdicional de constitucionalidade*. 2.ed. Belo Horizonte, Del Rey, 2000.

VIEHWEG, Theodor. *Tópica y jurisprudencia*. Brasília, Imprensa Nacional, 1979.

WAMBIER, Teresa Arruda Alvim. "Da liberdade do juiz na concessão de liminares e a tutela antecipatória". In: *Aspectos polêmicos da antecipação de tutela*. São Paulo, Revista dos Tribunais, 1997.

______. *Controle das decisões judiciais por meio de recursos de estrito direito e de ação rescisória*: recurso extraordinário, recurso especial e ação rescisória: o que é decisão contrária à lei? São Paulo, Revista dos Tribunais, 2001.

4 A Integração da Norma e a Atividade Judicante

Ana Paula Oriola de Raeffray[*]

[*] Mestre e doutoranda em Direito pela Pontifícia Universidade Católica de São Paulo (PUC-SP). Professora. Advogada em São Paulo.

4.1 INTRODUÇÃO

O presente trabalho tem por objetivo analisar a atividade judicante, especificamente no que tange à sua função integradora das normas dentro do sistema jurídico.

Não se trata, todavia, de uma análise apenas sobre a ação integradora dos juízes para o suprimento das lacunas do direito, matéria já estudada com maestria por diversos doutrinadores, mas de uma análise da ação integradora que deve ser levada a efeito pelo magistrado entre a realidade social e o direito, quando decide os casos que são submetidos à sua apreciação.

Para enfrentar esta questão, necessária se fez uma incursão sobre o conceito de norma jurídica e de sistema jurídico, esfera primeira em que atuam os juízes, para que se alcance finalmente a ação integradora como meio de acesso à justiça, objetivo maior deste trabalho.

Não se pretende apenas observar a ação integradora quando verificada a lacuna no sistema jurídico, mas, sim, a perpetuidade dessa função quando prolatada a decisão judicial, pois é certo que o magistrado integra o fato à norma, mas não pode olvidar jamais o valor, aquela corrente que de forma perene e constante advém da sociedade.

4.2 DA NORMA JURÍDICA

O Homem, quando ainda não havia sido estabelecido o Estado, não obstante viver em grupo, organizava-se de forma diversa daquela que viria a ser a estatal.

Nas questões de ordem grupal, a justiça parecia ser alcançada (não no conceito que hoje a ela atribuímos) por meio do alcance do bem-estar, ou seja, era justo aquilo que trazia o bem-estar para o grupo.

O ato justo e que causava o bem-estar grupal, como não poderia deixar de ser, visava regra que passava a ser seguida pelo próprio grupo porque dele emanava.

Também no julgamento das ações isoladas de cada um dos integrantes do grupo, era a regra justa e de bem-estar (para aquele grupo determinado) e também utilizada para decidir se a ação era boa ou ruim, ou se haveria o desrespeito às regras, estabelecendo-se a punição (as quais no mundo prematuro poderiam ser bem cruéis).

Mas aquelas pequenas tribos foram crescendo, de modo que a vida em sociedade precisava ser regrada de forma mais eficiente, verificando-se a necessidade do que se pode chamar de um "grupo de ordem", que nada mais é do que o embrião do Estado.

A integração do Homem na sociedade em que vive gera relações sociais, econômicas e jurídicas, devendo ser garantidas pelo Estado.

O Estado, tendo por escopo principal a manutenção da paz social, necessita regular, ou melhor, ordenar a vida em sociedade por meio de um conjunto de normas que busquem a realização da justiça. Dessa forma, havendo uma ordem imposta pelo Estado à vida em sociedade, tal como asseverou Aristóteles, o Direito sempre acompanhará a sociedade: *ubi societas ibi jus.*

Na antiga Roma, a expressão *jus* significava o conjunto de normas elaboradas pelos homens, com intuito de ordenar a vida em sociedade, ou seja, era o direito criado pelo Estado. Assim, o Direito é considerado como o instrumento que possibilita a coexistência entre os homens, por meio de um conjunto de normas, que tem por objeto regular o comportamento intersubjetivo das pessoas.

Kant considerava o Direito como " o conjunto de condições, por meio das quais, o arbítrio de um pode estar de acordo com o arbítrio de um outro de acordo com a lei universal da liberdade".[1]

Santi Romano afirmava que o Direito é a realização da convivência ordenada. Sua tese central declarava que

> o Direito antes de ser norma, antes de referir-se a uma simples relação ou a uma série de relações sociais, é organização, estrutura,

---

1 BOBBIO, Noberto. *Direito e Estado no pensamento de Emanuel Kant*, p.51.

> posição da própria sociedade na qual se desenvolve, e que ele constitui como unidade, como ente por si bastante.[2]

Da ótica de Santi Romano, o Direito não deve ser considerado como um produto proveniente exclusivamente do Estado, mas uma construção de todas as organizações sociais, tal como preconiza a máxima *ubi societas ibi jus.*

De modo contrário, Hans Kelsen não distingue o Direito do Estado, sendo este último considerado como a própria personificação da ordem jurídica. Para ele, o Direito e as normas jurídicas são os objetos da ciência jurídica. A conduta humana, no entanto, só é considerada escopo do Direito se as normas jurídicas assim determinarem. Neste mesmo sentido, as relações inter-humanas podem ser consideradas objeto de um conhecimento jurídico como relações jurídicas, isto é, relações construídas por meio das normas jurídicas. Desta forma, o estudo do Direito é feito por meio da norma jurídica isolada, como ele afirmava:

> Apreender algo juridicamente não pode, porém, significar senão apreender algo como o Direito, o que quer dizer: como norma jurídica ou conteúdo de uma norma jurídica, como determinado através de uma norma jurídica.[3]

Kelsen, por meio da *Teoria pura do direito*, tenta dissociar do Direito elementos que não sejam jurídicos; elimina, portanto, elementos sociológicos, econômicos e filosóficos da composição do Direito, buscando libertar a ciência jurídica de qualquer elemento não-jurídico.

Denota-se ao Direito, um significado estrito às normas, ou seja, o objeto do Direito é a norma jurídica, sendo ele uma ciência normativa na medida em que perquire e descreve normas, sem atrelá-las a valores.

---

[2] ROMANO, Santi. *L'ordinamento giuridico*, p.22.

[3] KELSEN, Hans. *Teoria pura do direito*, p.79.

O cientista do direito deve ocupar-se única e exclusivamente da norma em si, não permitindo a interferência dos valores na produção da norma jurídica, ou seja, de fatores que não pertençam ao objeto do Direito. O jurista deve, portanto, abstrair fatores subjetivos levando em conta somente o que está estipulado pela norma. Para tanto, deverá isolar a norma jurídica das intenções subjetivas que a acompanham. O estudo desses valores e da conexão deles com o Direito cabe à sociologia, à psicologia, mas não à Ciência do Direito.

De acordo com o princípio da pureza, Kelsen propôs que a Ciência do Direito deveria ter por premissa básica o enfoque normativo, seja para a constituição de seu método ou de seu objeto. A ciência jurídica surge como uma ciência pura de normas. A validade da norma jurídica não necessita estar vitalmente atrelada à vontade de quem a instituiu, ou enquadrar-se aos moldes da justiça. A validade de uma norma depende, na verdade, de sua ligação com as normas que lhe são superiores que, com elas, encontramos a norma fundamental. Depreende-se, portanto, que todo o universo normativo pode ser considerado válido e eficaz em função da norma fundamental.

> O fundamento de validade de uma norma só pode ser uma norma. Enunciados da Ética e da Ciência do Direito dependem do pressuposto da norma fundamental. (...) Ela representa o supremo fundamento de validade de todas as normas jurídicas que formam o ordenamento jurídico. Somente uma norma pode ser fundamento da validade de uma outra norma.[4]

A norma jurídica é revestida de imperatividade; para Kelsen, não há ordem social desprovida de sanção. Sendo assim, a norma jurídica propriamente dita é aquela que estabelece a sanção, denominada de norma primária. A norma secundária é a que estabelece a prestação.

---

4 KELSEN, Hans. *Teoria geral das normas*, p.328.

Norberto Bobbio defende a idéia de que o Direito não se reveste somente da função repressiva, mas visa assegurar a distribuição da justiça de modo eqüitativo, promovendo o bem-estar social.

A norma jurídica deve estabelecer sanções de caráter repressor àqueles que violam a ordem social, mas em contrapartida, deverá estimular o seu cumprimento. As normas jurídicas não existem de modo isolado, mas sempre fazem parte de um contexto de normas que se entrelaçam.

Conforme Bobbio, a eficácia da norma está relacionada com uma complexa organização que determina a natureza e a entidade das sanções, as pessoas que deverão exercê-las, e também estão vinculadas à sua execução. A complexa organização a qual se refere Bobbio é o ordenamento jurídico.

Ao considerar-se o Direito como emanação do poder soberano, o estudo do Direito através da norma isolada, efetuado até então, torna-se esquecido, adotando-se o ordenamento em seu conjunto.

> Um ordenamento jurídico é definido através da soberania, é também verdade que a soberania em uma determinada sociedade se define através do ordenamento jurídico. Poder soberano e ordenamento jurídico são dois conceitos que se referem um ao outro. E, portanto, quando o Direito é definido através do conceito de soberania, o que vem em primeiro plano não é a norma isolada, mas o ordenamento: dizer que norma jurídica é a emanada do poder soberano equivale a dizer que norma jurídica é aquela que faz parte de um determinado ordenamento. A soberania caracteriza não uma norma, mas um ordenamento; caracteriza a norma apenas enquanto ela é considerada como parte do ordenamento.[5]

Neste contexto, verifica-se que o desenvolvimento de um estudo eficaz do Direito ocorre por meio da integração das normas, ou seja, do ordenamento jurídico.

---

5 BOBBIO, Noberto. *Teoria do ordenamento jurídico*, p.25-6.

O estudo do Direto pela norma isolada limita o Direito ao papel de mero aplicador de sanções, sendo que na verdade o papel do Direito é muito mais amplo, ou seja, é de ordenar a vida em sociedade por meio de uma complexa organização que é fruto do ordenamento jurídico.

4.3 DO ORDENAMENTO JURÍDICO

Não obstante a complexidade que envolve o feixe de relações amarrado pelos ordenamentos jurídicos, também dele se tentou extirpar qualquer vínculo com os conceitos de justiça para o estabelecimento da cientificidade do Direito.

Do ponto de vista de Kelsen, o ordenamento jurídico é visto como um sistema escalonado de normas, sendo que no topo encontramos a norma fundamental. Desse modo, as normas superiores determinam a maneira da produção das normas inferiores, desde sua autorização até a forma de seu conteúdo.

O Direito é considerado como sinônimo da norma, sendo que todo ordenamento jurídico repousa sobre uma norma suprema. Nesse sentido, o cientista do direito, ao excluir da norma aspectos subjetivos, poderá de maneira mais plena alcançar a função precípua da ciência jurídica, que é a de descrever o significado objetivo que a norma atribui ao comportamento humano.

Para tanto, dever-se-á adotar um critério para que essa descrição possa ser efetivada. O jurista deverá percorrer entre as normas, das quais a primeira norma é dependente, até deparar-se com a norma fundamental. Tem-se, assim, a norma como sustentáculo principal para a identificação do Direito.

O Direito é considerado, então, como um conjunto de normas, cujo significado sistemático é dado à ciência jurídica perquirir e determinar.

Sabe-se que, por diversas vezes, tentou-se definir o Direito por meio de algum elemento constituinte da norma jurídica. De acordo com Bobbio, dentre as diversas tentativas feitas até então, destacam-se quatro critérios adotados como meio de se definir o Direito por meio da norma jurídica: o *critério formal*, o *critério material*, o *critério do sujeito que põe a norma* e o *critério do sujeito ao qual a norma se destina*.

Seguindo os seus preceitos, o *critério formal* busca a definição do Direito por meio de elementos estruturais das normas jurídicas. Quanto à estrutura, as normas podem apresentar-se de modo positivo ou negativo, categóricas ou hipotéticas, gerais (abstratas) ou individuais (concretas).

> Admitimos, também, que num sistema normativo existem apenas normas hipotéticas, as quais podem assumir estas duas formas:
> a) se queres A, deves B, segundo a teoria da norma técnica (Ravà) ou das regras finais (Brunetti);
> b) se é A, deve ser B, onde, segundo alguns, A é o fato jurídico e B a conseqüência jurídica (teoria do Direito como valorização ou juízo de qualificação), e segundo outros, A é o ilícito e B é a sanção (teoria da norma como juízo hipotético de Kelsen).
> Em nenhuma destas formulações a norma jurídica assume uma forma caracterizante: a primeira formulação é própria de qualquer norma técnica; a segunda formulação é característica de qualquer norma condicionada.[6]

Quanto ao *critério material*, entende-se como aquele extraído do conteúdo das normas jurídicas, ou seja, das ações reguladas, o que o caracteriza como inconcludente. As ações reguladas pelas normas jurídicas são aquelas consideradas como ações possíveis, não sendo, portanto, ações necessárias ou impossíveis.

Como o campo das ações possíveis é muito vasto, sendo comum o alinhave das normas jurídicas e das regras de conduta, tentou-se separar deste montante uma área reservada ao Direito. As principais

---

6 Idem, p.23-4.

tentativas de se promover estas distinções, como ensina Bobbio, foram por meio da estipulação das ações internas e ações externas, bem como das ações subjetivas e ações intersubjetivas.

O *critério do sujeito que põe a norma* considera como jurídicas as normas estipuladas pelo poder soberano. Neste contexto, Norberto Bobbio assevera:

> Diante desta teoria não podemos mais dizer, como no caso das duas precedentes, que ela é inconcludente. Que o Direito seja aquele conjunto de regras que se fazem valer ainda que pela força, isto é, um ordenamento normativo de eficácia reforçada. (...) Ora, aquele que está em condições de exercer a força para tornar eficazes as normas é justamente o poder soberano que detém o monopólio do exercício da força. Portanto, a teoria do Direito como regra coativa e a teoria do Direito como emanação do poder soberano são convergentes.[7]

Por fim, o *critério do sujeito ao qual a norma se destina* pode apresentar duas variantes, considerando-se como destinatário o súdito ou o juiz.

Dizer que a norma jurídica é endereçada aos súditos, por sua generalidade, torna-se inconcludente. A norma é considerada jurídica quando é *seguida da convicção ou crença na sua obrigatoriedade* (*opinio iuris ac necessitatis*).

Este sentimento da obrigatoriedade é visto por Bobbio da seguinte forma:

> O sentimento da obrigatoriedade é em última instância o sentimento de que aquela norma singular faz parte de um organismo mais complexo e que da pertinência a esse organismo é que vem seu caráter específico.[8]

---

7 Idem, p.25.
8 Idem, p.26.

Tendo-se como destinatário da norma jurídica o juiz, é necessário esboçar uma noção de juiz, que poderá ser obtida pela ampliação da consideração a todo ordenamento. Segundo Bobbio, a figura do juiz é entendida como

> aquele ao qual uma norma do ordenamento atribui o poder e o dever de estabelecer quem tem razão e quem não tem, e de tornar assim possível a execução de uma sanção. Mas, desse modo, uma vez mais somos reconduzidos da norma isolada ao sistema normativo. E percebemos, além disso, que não apenas procuramos tornar conclusiva uma definição do Direito referida à norma, mas somos constrangidos a deixar a norma e abraçar o ordenamento.[9]

O Direito é considerado, de um modo mais adequado e coerente, como uma característica dos ordenamentos normativos e não apenas das normas.

A idéia de ordem pressupõe uma adequação das coisas à sua finalidade correspondente. A ordem jurídica é o sistema de legalidade proposto pelo Estado, por meio de normas provenientes de diferentes fontes.

Sendo o ordenamento jurídico formado por diversas normas, deste fato surgem problemas oriundos do relacionamento entre elas. A primeira questão a ser perscrutada é se este conglomerado de normas formam uma unidade.

Por almejar a unidade, o ordenamento jurídico, que é um sistema hierárquico, encontra-se constantemente ameaçado pelas antinomias jurídicas, ou ainda, pela ausência das normas reguladoras do comportamento humano – as lacunas. Deverá ser levado em voga o problema fundamental que é o da hierarquia das normas.

Só se poderá falar de unidade do ordenamento jurídico, se estiver calcado em uma norma fundamental, estando esta direta ou in-

---

9 Idem, p.27.

diretamente ligada a todas as outras normas componentes do sistema. É necessário, também, saber se o ordenamento jurídico forma um sistema e, para tanto, o principal problema a ser analisado é novamente a questão das antinomias jurídicas.

Um outro fator de suma importância a ser compreendido é se o ordenamento jurídico pode ser considerado como pleno; já que sendo unitário e sistemático, deverá também ser completo. Neste ponto, a problemática das lacunas do Direito é o cerne da discussão.

Bobbio ainda identifica a teoria das relações entre os ordenamentos como algo a ser perquirido, já que existem diversos ordenamentos, cabendo o questionamento para o reenvio de um ordenamento a outro. Neste sentido, afirma:

> Enquanto, pela teoria tradicional, um ordenamento se compõe de normas jurídicas, na nova perspectiva normas jurídicas são aquelas que venham a fazer parte de um ordenamento jurídico. Em outros termos, não existem ordenamentos jurídicos porque há normas jurídicas, mas existem normas jurídicas porque há ordenamentos jurídicos distintos dos ordenamentos não-jurídicos. O termo "direito", na mais comum acepção de Direito objetivo, indica um tipo de sistema normativo, não um tipo de norma.[10]

Não é, no entanto, apenas da óptica objetiva que deve ser apreciado o ordenamento jurídico. Na verdade, o ordenamento jurídico é um instrumento do direito, é a sua principal ferramenta. É por esta simples razão que ele não pode estar fechado à evolução ou até mesmo à involução da sociedade, pois se assim for, não passará de uma ferramenta inútil, não servindo ao primordial objetivo que é visado pelas regras primitivas, qual seja o alcance do bem-estar social. Deve, contudo, ser apreciado também como sistema.

---

[10] Idem, p.30-1.

4.4 DO ORDENAMENTO JURÍDICO COMO SISTEMA

A visão sistêmica do ordenamento jurídico, segundo a óptica kelseniana, apresenta-o como um sistema escalonado e gradativo composto por normas, sendo que no ápice encontra-se a norma fundamental, que é a norma suprema.

As normas inferiores relacionam-se com as superiores de maneira derivativa, quando tomamos o sentido ascensional. As normas superiores determinam as inferiores; este sistema é, portanto, finito. A norma fundamental lhe garante uma unidade, fechando o circuito de todo o ordenamento jurídico.

Kelsen enquadrava os ordenamentos normativos em dois tipos de sistemas: estático ou dinâmico. O sistema estático é composto pelos ordenamentos morais, já que nestes as normas relacionam-se entre si no que tange ao seu conteúdo; o enquadramento destas normas ocorre pelo que prescrevem. O ordenamento jurídico é considerado um sistema dinâmico, no qual as normas que o compõem são originárias umas das outras por meio de reiteradas delegações de poder, ou seja, uma autoridade inferior é derivada de uma autoridade superior, até alcançar-se a autoridade suprema. Adota-se o critério formal, desconsiderando-se o conteúdo da norma, para encaxilhá-la dentro de um determinado ordenamento jurídico.

Pode-se afirmar que o termo *sistema* apresenta várias significados, mas genericamente o jurista utiliza-o para indicar o ordenamento jurídico. O ordenamento jurídico, em todo ou em parte, na interpretação sistemática desenvolvida pelo jurista é encarado, em algum momento, como sistema.

Norberto Bobbio entende que sistema pode ser visto como uma *totalidade ordenada, um conjunto de entes entre os quais existe certa ordem.* Outrossim, apresenta três diferentes significados para o termo sistema, sendo que o primeiro deles foi baseado na expressão de sistema dedutivo. Nesse sentido, afirma que

> um dado ordenamento é um sistema enquanto todas as normas jurídicas daquele ordenamento são deriváveis de alguns princípios gerais (ditos "princípios gerais do Direito"), considerados da mesma maneira que os postulados de um sistema científico.[11]

Em um segundo momento, o significado de sistema é encontrado na ciência do Direito moderno, na qual a jurisprudência é considerada *sistemática*.

Estudos científicos desenvolvidos por juristas recebem o título de sistema mas, neste âmbito, este termo indica novas prescrições:

> Aqui o termo "sistema" é usado, ao contrário, para indicar um ordenamento da matéria, realizado através do processo indutivo, isto é, partindo do conteúdo das simples normas com a finalidade de construir conceitos sempre mais gerais, e classificações ou divisões da matéria inteira: a conseqüência destas operações será o ordenamento do material jurídico do mesmo modo que as laboriosas classificações do zoólogo dão um ordenamento ao reino animal. Na expressão "jurisprudência sistemática" usa-se a palavra "sistema" não no sentido das ciências dedutivas, mas no das ciências empíricas ou naturais, isto é, como ordenamento desde baixo, do mesmo modo com que se fala de uma zoologia sistemática.[12]

O terceiro significado empregado ao sistema jurídico é o que merece destaque, já que preconiza que dentro do ordenamento jurídico não podem coexistir *normas incompatíveis.*

Cabe ressaltar, no entanto, que esta *ordem* preconizada na conceituação de sistema requer uma coerência entre o relacionamento dos elementos que a constituem, além é claro, que haja uma harmonia no todo.

---

[11] Idem, p.77.
[12] Idem, p.78-9.

Seguindo novamente os preceitos declinados por Bobbio, "quando nos perguntamos se um ordenamento jurídico constitui um sistema, nos perguntamos se as normas que o compõem estão num relacionamento de coerência entre si, e em que condições é possível essa relação".[13]

É exatamente esta questão que os cientistas do direito há muito vêm enfrentando, pois o sistema deve estar em harmonia. Mas esta harmonia sempre pode ser mantida diante do "mar encapelado" que está sob o sistema jurídico, que é a sociedade?

4.5 DAS LACUNAS DO DIREITO

A unicidade do sistema jurídico sempre foi objeto de acirradas discussões, haja vista que o reconhecimento da existência de lacunas leva à constatação de que o Direito (se tomado apenas como conjunto de normas) não abarca toda a realidade social. No entanto, o estudo dessa questão vem evoluindo sobremaneira.

A Teoria Pura do Direito, por exemplo, não considera a questão das lacunas como assunto vinculado à logicidade do sistema jurídico.

Kelsen une as lacunas ao direito positivo que, dentro do sistema escalonado das normas, são representadas pela jurisprudência. De maneira genérica, as lacunas são compreendidas como a ausência de norma jurídica geral para aplicação em caso particular. Este mesmo autor afirma ainda que as lacunas, consideradas em seu sentido tradicional, são impossíveis.

Verificando-se, de outra parte, a legislação brasileira, está expresso no art. 4º, da Lei de Introdução ao Código Civil brasileiro, "*quando a lei for omissa, o juiz decidirá o caso de acordo com a analogia, os costumes e os princípios gerais de direito*".

---

[13] Idem, p.71.

Nesse sentido, então, no Direito brasileiro está reconhecido que existem lacunas da lei e não lacunas do Direito, a não ser que seja afastada a diferença entre lei e direito, observando-se o *direito como lei.*

No entanto, parece que a interpretação mais correta é de que exista lacuna no direito, quando tomado como um conjunto de normas; como um ordenamento que pode não estar totalmente harmonizado. Mas Maria Helena Diniz argumenta: "porém, ainda que não se assuma um legalismo estrito, a expressão lacuna não deixa de estar ligada a um corpo normativo. De forma que a primeira questão que cumpre resolver é a do sentido e da possibilidade da lacuna num sistema de normas".[14]

A questão sobre as lacunas do Direito como hoje se apresenta, surgiu na época da Revolução Francesa, com o advento da positivação do direito e do nascimento do Poder Judiciário em decorrência da separação dos poderes; da gradativa separação entre política e direito.

Perelman, em sua obra *Le Problème des Lacunes en Droit*, ensina:

> Le problème des lacunes, tel que nous le connaissons aujourd'hui, naît avec la limitation du pouvoir judiciaire, suite à l'admission de la doctrine de la séparation des pouvoirs, principale garantie contre l'absolutisme royal et les abus de l'Ancien Régime. Suite à cette doctrine, depuis Révolution Française, est affirmée la prépondérance de la loi et du pouvoir législatif, émanation de la Nation. On réduit le rôle du juge à celui d'un simple instrument d'application de la loi, on lui interdit de prononcer par voie de disposition générale et réglementaire et la loi des 16-24 août 1790 sur l'organisation judiciare institue même le *référé législatif invitant* les juges à s'adresser au Corps législatif toutes les fois qu'ils des doutes quant à l'interprétation de la loi.[15]

O direito torna-se, assim, *um instrumento de modificação planificada da realidade, abarcando-a nos mínimos detalhes*, o que faz com

---

[14] DINIZ, Maria Helena. *As lacunas no direito*, p.3.

[15] PERELMAN, Chäim. *Le problème des lacunes en droit*, p.541-2.

que a lacuna surja como problema, diante da amplitude do âmbito do direito, especialmente diante do disposto no art. 4º, do Código de Napoleão: *Le juge qui refusera de juger sous prétexte du silence, de l'obscurité ou de l'insuffisance de la loi, pourra être poursuivi comme coupable de déni de justice.*

Decorre também da concepção estatal do Direito, pela qual não existia nenhuma outra fonte de direito, que não a Lei, como muito bem reconhece Bobbio:

> Nos tempos modernos o dogma da completude tornou-se parte integrante da concepção estatal do Direito, isto é, daquela concepção que faz da produção jurídica um monopólio do Estado. Na medida em que o Estado Moderno crescia em potência, iam-se acabando todas as fontes de direito que não fossem a Lei ou o comando do soberano. A onipotência do Estado reverteu-se sobre o Direito de origem estatal, e não foi reconhecido outro Direito senão aquele emanado direta ou indiretamente do soberano. Onipotente como o Estado do qual emanava, o Direito estatal devia regular cada caso possível: havendo lacunas, o que deveria ter feito o juiz senão recorrer a fontes jurídicas extra-estatais, como o costume, a natureza das coisas a eqüidade? Admitir que o ordenamento jurídico estatal não era completo significa introduzir um Direito concorrente, quebrar o monopólio da produção jurídica estatal. E é por isso que a afirmação do dogma da completude caminha no mesmo passo que a monopolização do Direito por parte do Estado. Para manter o próprio monopólio, o Direito do Estado deve servir para todo uso. Uma expressão macroscópica dessa vontade de completude foram as grandes codificações, note-se bem, que foi pronunciando o veredicto que o juiz deve julgar permanecendo sempre dentro do sistema já dado. A miragem da codificação é a completude: uma regra para cada caso. O código é para o juiz um prontuário que lhe deve servir infalivelmente e do qual não pode afastar-se.[16]

[16] BOBBIO, Norberto. *Teoria do ordenamento jurídico*, p.121.

Pode-se afirmar que o envelhecimento da codificação leva ao reconhecimento de lacunas, especialmente na França.

As transformações sociais sempre denunciam as lacunas da lei, exigindo-se que o sistema legislativo se adapte ao novo panorama socioeconômico.

A exemplo disso, a Revolução Industrial trouxe à tona a consciência das vicissitudes advindas das massas proletariadas que, ao reivindicarem melhores condições de trabalho e remuneração, impulsionaram a criação da legislação do trabalho, que até então era completamente arbitrária e omissa.

Mas a verdade é que, como afirma Maria Helena Diniz, "foi preciso que o direito fosse captado como sistema para que a lacuna e sua integração se revelassem como problemas teóricos".[17]

Para que seja admitida a lacuna no direito há de se conceber o sistema jurídico como aberto e incompleto e outro não pode ser o entendimento, pois:

> Vão seria contestar a existência de lacunas no direito. Não se poderia ter a pretensão absurda de aprisionar em um Código Civil, pois, todas as manifestações de comportamento. Ante a dinamicidade do direito as lacunas são uma realidade inquestionável, devido às próprias e naturais limitações da condição humana que impedem, como já dissemos, ao legislador a possibilidade de prever todas as situações presentes e futuras que podem cair sob a égide da norma, e, como se isto não fosse suficiente, a contínua criação que a vida, "de per si", contém implicitamente pelo seu desenvolvimento deixa sempre fora de adequação as pautas normativas ditadas pelo Legislativo; daí os conflitos dentro do complexo sistema jurídico.[18]

---

[17] DINIZ, Maria Helena. Op. cit., p.20.

[18] PERELMAN, Chäim. Op. cit., p.111.

A lacuna então é observada no sistema jurídico.

Pode-se dizer, assim, que o sistema jurídico não é completo, mas completável. As suas lacunas são provisórias, já que podem ser supridas, seja por ato jurisdicional, seja por meio do ato legislativo.

É na primeira espécie de supressão das lacunas do direito que se fixa este trabalho, haja vista que diante delas a função do juiz revela-se essencial, bem como é neste momento que se capta a sua vera função jurisdicional.

Como afirma Bobbio, o cerne do problema das lacunas é em grande parte formado pelo hiato existente entre a letra da lei e o espírito da lei. Segundo Perelman, quando o juiz consegue compreender esta diferenciação entre a letra da lei e o seu verdadeiro alcance, existe um caminho a ser trilhado para que ele possa obstar a lacuna:

> Cette façon de raisonner permettra au juge de combler la loi, en accordant le primat aux valeurs que le législateur lui-même considère comme plus importantes: c'est ainsi que, si le droit allemand n'a prévu d'exception au caractére punissable de l'avortement, même s'il est indispensable pour sauver la mère, le juge tirera parti du fait que d'autres dispositions indiquent clairement que, pour le législateur, la vie de la mère est plus précieuse que celle du foetus, pour admettre comme cause de justification l'obligation de sauver la vie de la mère: dans ce cas ce n'est pas l'esprit de la loi particulière, mais celui du système légal dans son ensemble qui prévaidra sur la lettre de la loi.[19]

4.6 DA FUNÇÃO DO JUIZ

Como já reconhecido por Savigny, os atributos orgânicos das comunidades humanas individualizam-se, de modo a se tornarem propriedade das classes particulares: "o direito perfaz sua linguagem,

[19] Idem, p.550-1.

toma uma direção científica e, da mesma maneira que residia anteriormente na consciência da comunidade, compete doravante aos juristas, que, por conseguinte, nesse setor, representam a comunidade.[20]

Assim, "o aparecimento histórico da função de juiz pode revestir a forma de uma instituição patriarcal ou de um ato de força ou de uma escolha voluntária".[21]

A função de juiz nasce dentro de cada aldeia, cujos integrantes dotam seus designados *homens de bem* de funções de justiça, sendo que a sua sabedoria é composta pela sua própria consciência e sua prudência e o conhecimento da comunidade em que atua.

Quando surge o Estado, o juiz, transformado em funcionário público, ampara-se nas configurações lógicas e nos escritos jurídicos, inserindo-se na conformação administrativa:

> O advento do Estado como âmbito principal das atividades políticas e jurídicas sugere uma inversão total da perspectiva. Progressivamente, e por vias tratadas pelos manuais de história do direito, estabelece-se a idéia segundo a qual o poder de julgar seria um dos atributos da soberania, um atributo essencial. Daí em diante, a faculdade de ministrar a justiça parece ser uma competência delegada do poder soberano, seja ele sua fonte técnica administrativa ou sua referência abstrata. Entre a panóplia das instituições de ordem pública emerge uma instituição especificamente reservada à função de justiça, assumida por um corpo profissional particular.[22]

Norberto Bobbio, considerando o juiz como destinatário da norma jurídica, afirma que a definição de juiz está intimamente ligada à consideração do ordenamento jurídico:

---

20 SAVIGNY, Fréderic Karl von. *Of the vocations of our age for legislation and jurisprudence*, p.75.
21 HEGEL, Georg Wilhelm Friedrich. *Principes de la Philosofie du Droit*, p.246.
22 ASSIER-ANDRIEU, Louis. *O direito nas sociedades humanas*, p.260.

> Dir-se-á que o juiz é aquele ao qual uma norma do ordenamento atribui o poder e o dever de estabelecer quem tem razão e quem não tem, e de tornar assim possível a execução de uma sanção. Mas, desse modo, uma vez mais somos reconduzidos da norma isolada ao sistema normativo. E percebemos, além disso, que não apenas procuramos tornar conclusiva uma definição do Direito referida à norma, mas somos constrangidos a deixar a norma e abraçar o ordenamento.[23]

O juiz é, na verdade, um agente do Poder Público, investido de jurisdição, para poder em nome do Estado julgar conflitos sociais dentro dos limites estabelecidos pelas normas vigentes. O propósito do poder atribuído ao juiz para dirimir os conflitos sociais é o de distribuir a justiça de modo equânime, para que a paz social e a ordem jurídica possam ser asseguradas.

A jurisdição delegada ao magistrado, no entanto, é limitada pelo Estado, para que este agente do poder judiciário não viole a ordem jurídica, ou seja, as normas deverão ser respeitadas, para que assim o juiz possa exercer de maneira plena o comando jurisdicional que lhe foi outorgado. Ele age dentro do sistema jurídico.

O juiz não pode, contudo, esquivar-se de julgar. Para tanto, a lei e a doutrina apresentam diferentes formas de interpretação do direito, para que ele possa cumprir sua obrigação. Por exemplo, na legislação pátria, especificamente no art. 5º, da Lei de Introdução ao Código Civil Brasileiro, está disposto que "na aplicação da lei, o juiz atenderá aos fins sociais a que ela se dirige e às exigências do bem comum".

O juiz interpreta normas buscando criar meios que possibilitem a construção de uma decisão adequada ao caso concreto que lhe é apresentado, para isso, deverá verificar as lacunas existentes, bem como detectar as antinomias.

---

[23] BOBBIO, Norberto. *Teoria do ordenamento jurídico*, p.27.

Ao exercer a função de intérprete da norma, o magistrado deve não só compreender o sentido e o alcance da norma, mas também dispor de modo coerente os conceitos jurídicos que permeiam toda a análise. A interpretação da norma requer ainda a consideração do momento histórico e se os fins sociais estão sendo atendidos.

O juiz não é apenas um intérprete e aplicador da lei, mas um integrador entre o ordenamento jurídico e a Justiça. O juiz deve respeitar os limites estipulados pela norma, mas antes de tudo, deverá buscar a Justiça para atender aos fins sociais e às exigências do bem comum e não somente fazer atuar a lei. É a volta às regras da tribo.

Salienta-se que, a função primordial do juiz é a de realizar a justiça.

Esta justiça relaciona-se diretamente com o bem-estar social e, para que este possa ser alcançado, faz-se necessário um sistema jurídico fundamentado na eqüidade.

É neste momento que se pode vislumbrar a importância de um juiz dentro desse sistema, como o vetor realizador da Justiça, quando atribui de maneira justa e eficaz os direitos que estão sendo pleiteados. John Rawls, ao tratar da Justiça como virtude das instituições sociais, afirma:

> A justiça de um esquema social depende essencialmente de como se atribuem direitos e deveres fundamentais e das oportunidades econômicas e condições sociais que existem nos vários setores da sociedade. (...)
> Se supomos que as instituições são razoavelmente justas, é não de grande importância que as autoridades devam ser imparciais então se submetam à influência de considerações pessoais, monetárias ou quaisquer outras considerações irrelevantes ao lidarem com casos particulares. A justiça formal no caso de instituições legais é meramente um aspecto do estado de direito que apóia e assegura expectativas legítimas.[24]

---

[24] RAWLS, John. *Uma teoria da justiça*, p.8 e 62.

4.7 DA ATIVIDADE DE INTEGRAÇÃO DA NORMA E SUA VISÃO ATUAL

O juiz, ao recorrer às normas estabelecidas no ordenamento jurídico, para aplicá-las ao caso concreto, acaba criando uma norma individual, que é fruto da interpretação e integração entre diferentes normas jurídicas. Essa norma individual, oriunda do próprio ordenamento jurídico estabelecido, não pode extrapolar os limites estabelecidos pelo direito.

De acordo com os ensinamentos de Larenz,

> as decisões dos juízes devem estar em consonância com o conteúdo da consciência jurídica geral, com o espírito do ordenamento, que é mais rico do que a disposição normativa, por conter critérios jurídicos e éticos, idéias jurídicas concretas ou fáticas que não encontram expressão na norma do direito.[25]

A interpretação efetivada pelo juiz não abarca somente a lei, mas também as práticas sociais, o que o conduz não obrigatoriamente a encontrar uma única solução para o caso, mas a possibilidade de vislumbrar outras maneiras de concretizar o direito.

Assevera Marx que *o* direito não deixou de ser costume ao se constituir lei.[26]

Quando a lacuna é suprida por ato jurídico, tal ato de colmatação não é elaborado fora do sistema jurídico, pois o órgão judicante terá, ao emiti-lo, que se ater aos subconjuntos valorativo, fático e normativo que o integram.[27]

---

[25] DINIZ, Maria Helena. Op. cit., p.280.

[26] MARX, Karl. In: ASSIER-ANDRIEU, Louis. *O direito nas sociedades humanas,* p. 26.

[27] DINIZ, Maria Helena. Op. cit., p.280.

Diante de um leque de possibilidades para realizar o direito, dentro dos limites normativos já estabelecidos, cria a norma individual que nada mais é do que a sentença proferida no caso.

> O legislador, ao criar uma norma jurídica geral, generaliza estabelecendo um tipo legal que, em decorrência disso, está separado da realidade imediata da vida que lhe deu origem, abarcando, tão-somente, o seu aspecto geral, concentrando-se em seus traços essenciais ou fundamentais, ao passo que o magistrado, ao sentenciar, não generaliza, mas cria uma norma jurídica individual, incidente e com validade sobre dado caso concreto.[28]

O magistrado integra, assim, o fato, o valor e a norma.
Esta integração é vista por Miguel Reale, da seguinte óptica:

> A norma não fica antes, nem o fato vem depois no raciocínio do juiz, pois este não raro vai da norma ao fato e vice-versa, cotejando-os e aferindo-os repetidas vezes até formar a sua convicção jurídica, raiz de sua decisão.[29]

A criação do juiz, entretanto, não é livre. Ao exercer sua atividade criadora, o magistrado é subordinado ao ordenamento jurídico e sua decisão judicial deverá coadunar-se à realidade fática, não se esquecendo do fim social a ser atendido, bem como promover o bem comum.

> Não se pode esconder a presença do ser humano como responsável pela própria positivação do direito. Com isto, a positivação, podemos dizer, forçou, de um modo novo, a tematização do ser humano como objeto central de preocupação do jurista, fazendo da ciência jurídica uma ciência humana no sentido moderno da expressão. Mesmo correntes que procuram, hoje ainda, fazer da

---

[28] VILANOVA, Lourival. *As estruturas lógicas e o sistema do direito positivo*, p. 182.
[29] REALE, Miguel. *Lições preliminares de direito*, p.297.

ciência do direito uma ciência da norma (posta), não podem deixar de enfrentar o problema do comportamento humano e suas implicações na elaboração e na aplicação do direito. As críticas que se fazem a Kelsen e a sua Teoria Pura, revelam que a preocupação central da Ciência do Direito não é nem a positivação, nem o conjunto de normas positivas, mas aquele ser (o homem) que, do interior da positividade jurídica que o envolve, se representa, discursivamente, o sentido das normas ou proposições prescritivas que ele próprio estabelece, obtendo, afinal, uma representação da própria positivação. O Fenômeno da positivação estabelece, assim, o campo em que se move a ciência jurídica atual. Não que isto deva ser entendido em termos positivistas, no sentido de que só o direito positivo é o seu objeto, mas simplesmente de que a positivação envolve o ser humano de tal modo que toda e qualquer reflexão sobre o direito tem de tomar posição perante ele. Ela não torna o direito positivo o objeto único da ciência jurídica, mas condiciona as investigações que se façam em seu nome. Nestes termos podemos afirmar que a positivação é responsável pela delimitação do problema central da ciência do direito. Note-se que falamos em problema e não em objeto. Com isto queremos dizer que, seja qual for seu objeto, essa ciência, sempre envolve uma questão de decidibilidade, sempre faz frente ao problema da verdade.[30]

A posição seguinte é admitida por Benayas.

Nuestro Código civil provee a la integrácion, como vimos, com su sistema de normas: ley, constumbre, principios y, en su caso, cuando la ley lo permita, la equidad, amén de normas distintas por obra del "non liquet". El cuadro es completo y en ese sentido progresivo. Pero parece que, antes de que el aplicador o Juez acuda a esas otras normas extrapositivas, quiere que se esgote la posibilidad expansiva de las normas legales. Para ello proporciona el recurso de la inter-

[30] DINIZ, Maria Helena. Op. cit., p.17.

> pretácion, que incluso puede llegar a la elaboración creadora – en la sociologia – y, de non bastar ésta, com la apelación y llamada a la analogía. En este sentido reiteramos nuestra opinión sobre la amplitud de la reforma y su espíritu progresivo, hasta el punto de permitir un "desenvolvimiento judicial abierto del Derecho y un carácter productivo de la interpretación" y evitar así (la frase es de Esser) aquel juego del escondite encubridor de esa realidad judicial. (...) En este sentido es cierta la expresión de la escuela egológica (Cossío) de que "no hay lagunas, porque hay jueces", en relación com el artículo 1º 7 del Código Civil. Que no significa, de otro lado, desvinculación al ordenamento jurídico, ni aplicación subjetiva de la integración normativa, pues es el proprio ordenamiento el que provee a sua dediciencias. Ya hemos visto que en el supuesto de anomia o ausencia total de norma es al Juez a quien compete su búsqueda en el ancho campo de los principios generales del Derecho, entendido como criterios reguladores de justicia, em armonía com el orden jurídico vigente y en relación com sus elementos constitutivos: ideales de justicia, naturaleza de las cosas, acomodación al tiempo presente, Derecho natural, equidad, etc. Para el caso de contradicción de la norma com ley superior ya conocemos el criterio aplicable. Para el más grave y excepcional de disparidad de la norma com un imperativo de justicia o equidad, las opiniones son dispares y encontradas, tanto por razones legalistas como ideológicas o políticas. Es claro que la sentencia que decida no aplicar una norma injusta deberá hallar una solución basada en um principio superior del ordenamiento jurídico, obtenido de modo objetivo, contrastado según el sentir de la comunidad. Lo contrario sería arbitrariedad.[31]

O que se vislumbra, todavia, é que muito embora o magistrado deva integrar as normas dentro do sistema para compor as situações que são submetidas à sua apreciação, havendo ou não lacunas, pois sua

---

[31] BENAYAS, Carlos de la Veja. *Teoria, aplicación y eficacia de las normas en el Código Civil*, p.143-4.

função é sempre integradora, o seu campo de atuação é muito maior, porque também os cidadãos e todos aqueles que participam da sociedade são fortes intérpretes das normas que integram o citado sistema.

A interpretação da lei não conduz a uma única solução. É por esta razão que o magistrado lida com valores sociais, residindo aí toda a beleza de sua atividade, haja vista que ele retorna aos tempos dos "homens de bem", quando o Estado não determinava a ordem. É o despertar da atividade pacificadora.

Como reconhece Larenz:

> Para o jurista actual, o sentido da dogmática não consiste em fixar o que está simplesmente estabelecido, mas em possibilitar a distância crítica, em organizar estratos de reflexões, de motivos, de ponderações de proporção, meios pelos quais o material jurídico é controlado para além do que é imediatamente dado e é preparado para a sua utilização.[32]

Nesse sentido, a decisão judicial é, portanto, uma decisão que está subordinada aos sentimentos, emoções, crenças de pessoa humana investida de poder jurisdicional. E a independência do juiz está, exatamente, na sua capacidade de julgar com esses elementos que participam de sua natureza racional, livre e social.

4.8 CONCLUSÃO

O direito é reconhecidamente um instrumento cultural e, por conseqüência, não há como os juristas rechaçarem essa sua faceta.

O magistrado, pelo fato de conhecer o Direito, faz incidir os fatos à norma jurídica ou princípios gerais já consagrados, mas não deve deixar de lado as circunstâncias pessoais, culturais e sociais.

---

[32] LARENZ, Karl. *Metodologia da ciência do direito*, p. 321.

Não pode ignorar a influência do aspecto cultural no exercício da judicatura, nem requer a opinião pública na sua decisão judicial.

Esta multiplicidade de aspectos conduz a um campo esquecido, que é o do direito justo, sendo a justiça o valor do direito. É a visão de Theodor Viehweg, para quem o direito é a técnica de resolução de problemas (tópica) no cenário do justo.

Está claro que o senso de justiça individual não deve substituir o limite estabelecido pelo ordenamento jurídico, mas deve trazer o equilíbrio, não havendo como esquecer que a função do juiz é a de realizar a justiça, não a de, pura e simplesmente, encontrar uma regra jurídica aplicável ao caso sob julgamento.

O juiz é um agente do Estado, é sempre bom repetir, que concretiza o trabalho do legislador. A lei só está concretizada quando interpretada e aplicada ao caso concreto. E esse trabalho não é de todo simples, como pode parecer. Aí o grave risco de transformar-se a atividade judicante em uma rotina de produzir sentenças. É claro que em um país como o nosso, com uma enorme carga de processos, com poucos juízes, a tentação é grande em deixar-se levar pelo desânimo. O juiz deve considerar o ato de julgar como um trabalho que exige não apenas o seu conhecimento, mas também disciplina. A disciplina é para subordinar-se ao comando da lei, sem perder a capacidade de construir para fazer a justiça ao caso que está sob a sua responsabilidade; disciplina para não transformar o seu julgamento no desaguadouro das suas insatisfações e crenças pessoais; disciplina para meditar sobre o processo. Na velha lição de Henry Cambell Black, "se a linguagem da lei é ambígua, ou se enseja duas construções, o tribunal pode e deve considerar os efeitos e as conseqüências de uma e de outra, para adotar a que torne a lei efetiva e produza os melhores resultados".

Assim, se pode concluir com Montesquieu:

> Várias coisas governam os homens: o clima, a religião, as leis, as máximas do governo, os exemplos das coisas passadas, os costu-

mes, as maneiras; donde se forma um espírito geral delas resultante, medida que, em cada nação, uma dessas causas age com mais força, as outras lhe cedem proporcionalmente. A natureza e o clima dominam quase sozinhos os selvagens; as maneiras governam os chineses; as leis tiranizam o Japão; os costumes, outrora, davam o tom da Lacedemônia; as máximas do governo e os costumes antigos o davam em Roma.[33]

4.9 BIBLIOGRAFIA

ASSIER-ANDRIEU, Louis. *O direito nas sociedades humanas*. São Paulo, Martins Fontes, 2000.

BENAYAS, Carlos de la Veja. *Teoria, aplicación y eficácia de las normas en el Código Civil*. Madri, Civitas, 1976.

BOBBIO, Norberto. *Direito e Estado no pensamento de Emanuel Kant*. Brasília, UnB, 1997a.

______. *Teoria do ordenamento jurídico*. Brasília, UnB, 1997b.

DINIZ, Maria Helena. *As lacunas do direito*. São Paulo, Saraiva, 1989.

HEGEL, Georg Wilhelm Friedrich. *Principes de la philosofie du droit*. Paris, Gallimard, 1940.

KELSEN, Hans. *Teoria geral das normas*. Porto Alegre, Sérgio Fabris Editor, 1986.

______. *Teoria pura do direito*. São Paulo, Martins Fontes, 2000.

LARENZ, Karl. Metodologia da ciência do direito. 3.ed. Lisboa, Fundação Calouste Gulbenkian, 1997.

MONTESQUIEU, Charles-Louis de Secondat. *De l'esprit des lois*. Livre XIX, cap. XIV. Genebra, Barillot & Fils, 1949.

PERELMAN, Chäim. *Le problème des lacunes en droit*. Paris, Anonyme d'Éditions Juridiques et Scientifiques, 1968.

---

[33] MONTESQUIEU, Charles-Louis de Secondat. *De l'esprit des lois*. Livre XIX, cap. XIV.

RAWLS, John. *Uma teoria da justiça*. São Paulo, Martins Fontes, 2000.

REALE, Miguel. *Lições preliminares de direito*. São Paulo, Saraiva, 1995.

ROMANO, Santi. *L'ordinamento giuridico*. 2.ed. Firenze, Sansoni, 1945.

SAVIGNY, Fréderic Karl von. *Of the vocations of our age for legislation and jurisprudence*. Nova York, Arno Press, 1975.

VILANOVA, Lourival. *As estruturas lógicas e o sistema do direito positivo*. São Paulo, Max Limonad, 1997.

5 A Colisão entre as Normas do Novo Código Civil e as Leis Especiais em Vigor: Aplicação de Princípio Jurídico

*Mônica Aguiar**

* Mestre em Direito pela Universidade Federal da Bahia (UFBA). Juíza da 12ª Vara Federal da Bahia. Professora de Direito da UFBA. Doutora em Direito Civil pela Pontifícia Universidade Católica de São Paulo (PUC-SP).

5.1 INTRODUÇÃO

A aparente antinomia entre as normas especiais vigentes e aquelas integrantes do novo Código Civil tem gerado certa perplexidade entre os estudiosos da área em face da possibilidade de interpretação conflitante que resultará certamente no agravamento da insegurança jurídica em contraposição com o intuito dos legisladores em "imprimir clareza, segurança e flexibilidade ao sistema em construção, tornando-o, portanto, adequado a recolher e regular mudanças e criações supervenientes".[1]

Nesse sentido, pareceria solução para o impasse a prevalência das leis especiais que se acharem em vigor quando da codificação, exatamente em decorrência do critério da especialidade, o qual, em conflito com o cronológico haverá de fazer com que este sucumba, em obediência ao estatuído no art. 2º, § 2º da Lei de Introdução ao Código Civil (LICC), sempre que não houver revogação expressa ou tácita das normas especiais.

Esta, entretanto, não parece ser a conclusão mais razoável.

Como bem lembra Caio Mário ao esclarecer o conteúdo jurídico do comando mencionado, uma lei geral posterior pode revogar uma lei especial "porque nela poderá haver dispositivo incompatível com a regra especial, da mesma forma que uma lei especial pode mostrar-se incompatível com dispositivo inserto em lei geral".[2]

E, em continuidade, toma por empréstimo afirmações de Enneccerus, para concluir que:

> A disposição especial irá disciplinar o caso especial, sem colidir com a normação genérica da lei geral, e, assim, em harmonia poderão simultaneamente vigorar. Ao intérprete cumpre verificar, en-

---

[1] MARINHO, Josaphat. Parecer Final do Projeto do Código Civil, item 26. In: OLIVEIRA, J. M. Lopes de. *Projeto do Código Civil,* p.376.

[2] PEREIRA,Caio Mário da Silva. *Instituições de Direito Civil,* p.84, v.I.

tretanto, se uma nova lei geral tem o sentido de abolir disposições preexistentes.[3]

Oportuno, outrossim, seja encontrada solução cuja generalidade procure harmonizar as interpretações individuais e que ratifiquem o importante papel do jurista em face do ordenamento positivo, que é o de sistematizá-lo para garantir sua unidade.

Salienta Bobbio, ao analisar o caráter científico da ciência do direito, que a linguagem do legislador não é necessariamente rigorosa, cumprindo ao jurista torná-la rigorosa; a linguagem do legislador não é necessariamente completa; cumprindo ao jurista o dever de completá-la; a linguagem do legislador não é necessariamente ordenada, cumprindo ao jurista reduzi-la a um ordenamento.[4]

O presente trabalho procura encontrar um raciocínio geral que possa assegurar rigorismo a essa interpretação, que se dê não somente dentro do sistema, mas, também, no chamado sistema externo.[5]

Vale-se da utilização dos princípios, como sendo esse elemento de harmonização, por assumir serem eles os garantidores, em última análise, da unidade do sistema e de base de toda teoria jurídica duradoura[6] consoante se procurará demonstrar a seguir, embora ciente da dificuldade da tarefa em razão da ambigüidade e vagueza dos princípios, sobre os quais muito se fala e pouco se precisa.[7]

Ordenar seria, destarte, função do legislador. Mas ao jurista compete a tarefa de sistematizar.

Ademais, o modelo de Código Civil na contemporaneidade passa a ser não-totalitário, aberto para a mobilidade da vida e vinculado dialeticamente aos princípios, como cláusulas gerais que "confor-

---

3 PEREIRA, Caio Mário da Silva. Op.cit., p.84.

4 BOBBIO, Norberto. *Teoria do ordenamento jurídico.*

5 Cf. LARENZ, Karl. *Metodologia da ciência do direito,* p.621.

6 COMPARATO, Fábio Konder. "Variações sobre o conceito de povo no regime democrático". *Revista Trimestral de Direito Público.* n.16, 1996, p.7.

7 DÍEZ PICAZO, Luis. "Presentacion". In: LARENZ, Karl. *Derecho justo,* p.14.

mam o meio legislativamente hábil para permitir o ingresso, no ordenamento jurídico codificado, de princípios valorativos, ainda inexpressos legislativamente, de *standards*, máximas de conduta, arquétipos exemplares de comportamento, de deveres de conduta não previstos legislativamente (e, por vezes, nos casos concretos, também não advindos da autonomia privada), de direitos e deveres configurados segundo os usos do tráfego jurídico, de diretivas econômicas, sociais e políticas, de normas, enfim, constantes de universos metajurídicos, viabilizando a sua sistematização e permanente ressistematização no ordenamento positivo".[8]

Comparar o arcabouço da lei geral com as especiais anteriores e indicar a prevalência de uma delas, sem obediência restrita ao princípio da especialidade, mas com fundamento nos princípios jurídicos em sua função de garantir a unidade do sistema, é o nosso propósito, como forma de assegurar, a todo o momento, conexão entre a ordem jurídica e a realidade social, de modo a que a solução – a regra prevalente – esteja sempre fundamentada nos valores que imperem na sociedade naquele instante determinado.

5.2 PRINCÍPIOS JURÍDICOS: CONCEITO

Não há univocidade entre os juristas na conceituação do instituto.

Existem, não obstante, duas correntes básicas de pensamento que partem de distintos pressupostos para fornecer o conceito pretendido e aqui chamadas de linha estrutural e linha funcional.

Os que se prendem à primeira categoria costumam distinguir princípios de regras ou discutir sua natureza jurídica como norma.

---

[8] COSTA, Judith Hofmeister Martins da. *O Direito Privado como um "sistema em construção": as cláusulas gerais no Projeto do Código Civil Brasileiro*. Disponível em: URL: http://www1.jus.com.br/doutrina/texto.asp?id=513. Acesso em 26.11.2001.

Aqueles que sustentam a conceituação sob a óptica funcional, buscam realçar o papel desenvolvido pelos princípios na sistematização do ordenamento.

Essa distinção merece, entretanto, maiores explicações.

No viés estruturalista, uma primeira abordagem negava a natureza jurídica de normas aos princípios em face de seu conteúdo vago em contraposição ao conceito de norma no sentido de proposição prescritiva cuja aceitação pelo destinatário se dá pelo cumprimento. Daí porque os princípios eram considerados tão somente preceitos de ordem moral ou política e não comandos jurídicos, inseridos precisamente na Constituição por ser esta um corpo não estritamente jurídico de normas, mas limítrofe do social, moral e político,[9] como bem observa Lassale ao examinar a essência da Constituição.[10]

O reconhecimento de que os princípios deveriam ter seu cumprimento imposto ao Estado, como forma de garantir direitos dos cidadãos, em especial com a transformação do papel estatal – de sancionador para promotor do bem-estar social em decorrência da adoção do paradigma do estado social do direito[11] – fez fortalecer a idéia da concretude dos princípios, de modo a que fossem identificados inteiramente com as normas jurídicas, sem distinção de natureza.

Esse caminho resultou, não obstante, na negação de uma identidade própria dos princípios.[12]

Se de um lado garantiu-se a observância do conteúdo principiológico ao lado do essencialmente normativo em face da aceitação do princípio como tipo especial de norma jurídica, por outro, essa visão reducionista terminou por descaracterizar a idéia do princípio como elemento fundante do Direito.

---

9 ROTHENBURG, Walter Claudius. *Princípios Constitucionais,* p.13

10 LASSALE, Ferdinand. *A essência da Constituição.*

11 CASTRO, Mônica Neves Aguiar da Silva. *Honra, Imagem, Vida Privada e Intimidade em Colisão com outros Direitos,* p.72.

12 ROTHENBURG, Walter Claudius. Op. cit., p.14.

García Figueroa ao examinar as diversas concepções de princípios aponta a existência dessa dualidade, por vezes ocorrente dentro da mesma corrente, ao afirmar que:

> Em síntese, no jurista atual confluem duas tradições, cuja origem comum ainda que não exclusiva se acha no racionalismo: a positiva da codificação e a jusnaturalista orientada à legitimação de seu exercício. Esta dupla filiação gera uma atitude em torno dos princípios, por um lado hostil, por outro favorável. Hostil, porque os princípios, por seu caráter ambíguo e vago, parecem entrar em conflito com a pretensão de precisão da codificação; favorável, porque a tradicional interpretação jusnaturalista dos princípios gera simpatias. Origina-se nos princípios um conflito de ideologias que, sem dúvida, reproduz certa esquizofrenia da que parecem sofrer muitos dogmáticos: positivistas em seu exercício, jusnaturalistas de convicção.[13]

Vê-se claramente, assim, a existência de duas visões distintas. A chamada concepção forte e a concepção débil dos princípios. Pela primeira, a distinção entre princípios e regras ocorre tão somente em nível de grau, enquanto a segunda admite divergência qualitativa entre os dois institutos.[14]

Realça o viés estruturalista o professor Willis Santiago ao traçar a diferença entre princípio e regra, ambos componentes do gênero norma, e estabelecer que as regras "caracterizam-se por ter uma estrutura lógico-deôntica constituída pela descrição de uma hipótese fática e a previsão da conseqüência jurídica de sua ocorrência. Já os princípios não oferecem semelhante tratamento de situações jurídicas, mas, sim, a prescrição de um valor, que por esse meio adquire validade jurídica objetiva, ou seja, em uma palavra, positividade".[15]

---

13 GARCÍA FIGUEROA, Alfonso. *Principios y positivismo jurídico*, p.42.

14 FARIAS, Edilsom Pereira. *Colisão de Direitos*, p.23.

15 GUERRA FILHO, Willis Santiago. "Notas em torno ao princípio da proporcionalidade." In: MIRANDA, Jorge (org.). *Perspectivas Constitucionais nos 20 anos da Constituição de 1976*, v.1. p.249.

Ainda entre nós, o professor Celso Antonio, atento à natureza funcional indicada, revela que princípio é o "mandamento nuclear de um sistema, verdadeiro alicerce dele, disposição fundamental que se irradia sobre diferentes normas compondo-lhes o espírito e servindo de critério para sua exata compreensão e inteligência, exatamente por definir a lógica e a racionalidade do sistema normativo, no que lhe confere a tônica e lhe dá sentido harmônico".[16]

Alexy reconhece a confusão reinante na matéria e conclui serem ambos normas jurídicas, que se diferenciam tão somente pela qualidade ou grau de otimização.

Os princípios seriam para ele "ordens de otimização" caracterizadas pelo fato de que a medida de seu cumprimento depende não somente das possibilidades reais senão também das jurídicas, o que é determinado pelos princípios e regras opostos. As regras, ao contrário, contêm determinações. São normas que, quando válidas, somente podem ser cumpridas ou não.[17]

"A otimização faz referência ao modo de determinar a aplicabilidade do princípio. As possibilidades fáticas e jurídicas surgem, sobretudo, no momento da aplicação da norma".[18]

Creio que devam se unir as duas esferas – estrutural e funcional – para garantir o rigor científico pretendido neste trabalho.

Se por um aspecto é importante afirmar estruturalmente o que vem a ser um princípio, de outro não menos valioso é reconhecer suas funções.

A indicação de que o princípio é também uma norma foi importante para impor seu cumprimento e afastar a idéia de que a norma que dita um princípio seja objeto de mera contemplação.[19]

---

[16] MELLO, Celso Antonio Bandeira de. *Curso de Direito Administrativo*. 5.ed. p.450/1

[17] ALEXY, Robert. *Teoria de los derechos fundamentales*, p.86.

[18] GARCÍA FIGUEROA, Alfonso. Op. cit., p.192.

[19] ROCHA, Carmen Lúcia Antunes. *Princípios Constitucionais da Administração Pública*, p.26.

Mais importante é, sobretudo, apontar sua multifuncionalidade e, em especial, o emprego aqui indicado de garantidor da unidade do sistema e, para além dele, dos valores encontrados na sociedade abrangida por sua aplicação.

Nesse viés, os princípios têm sua polissemia reconhecida por Carrió para quem existem pelo menos sete significados para a expressão em estudo – o primeiro dos quais é concernente à idéia de propriedade fundamental ou característica central.

Essa correspondência inicial é assim esmiuçada por García Figueroa:

> Em seu primeiro uso, esta expressão faz referência àquele standard normativo que se caracteriza por quatro linhas fundamentais: a) pressupõe outras regras; b) dirige-se ao aplicador; c) indica como usar regras, colmatar lacunas, etc. e d) tem uma neutralidade tópica, no sentido de que acusa uma certa indiferença de conteúdo.[20]

Por outro lado, ao classificar os princípios, Wróblewski indica a existência de cinco tipos diversos, ao tomar como critério ordenador a relação dos princípios com o respectivo sistema jurídico.

Seriam eles: princípio positivo de direito, princípio implícito de direito, princípio extra-sistêmico de direito, princípio-nome de direito e princípio-construção de direito.

Por princípio positivo de direito o autor entende ser a norma manifestada expressamente no texto legal.

Esse tipo, em razão de sua positivação, seria o que mais facilmente permite a aproximação entre princípios e regras como espécies do gênero norma jurídica.

Nesse diapasão, poderíamos apontar como expresso entre nós, por exemplo, o princípio da função social da propriedade (art. 5º, XXIII, CF).

---

[20] GARCÍA FIGUEROA, Alfonso. Op. cit., p.48.

Por princípio implícito indica aquele que advém, de forma mediata, de disposições legais existentes no sistema. Aqui o princípio, embora não esteja expressamente acolhido no sistema, é dele também extraído com base nas regras ali contidas.

A enunciação dessa influência é sintetizada por Carlos Ari Sundfeld quando anuncia que:

> Os princípios implícitos são tão importantes quanto os explícitos; constituem, como estes, verdadeiras normas jurídicas. Por isso, desconhecê-los é tão grave quanto desconsiderar quaisquer outros princípios.[21]

Considera implícito no ordenamento jurídico brasileiro o princípio da proporcionalidade Lúcia Valle Figueiredo, entre outros autores:

> Com efeito, resume-se o princípio da proporcionalidade em que as medidas tomadas pela Administração estejam na direta adequação das necessidades administrativas. Vale dizer: só se sacrificam interesses individuais em função de interesses coletivos, de interesses primários, na medida da estrita necessidade, não se desbordando do que seja realmente indispensável para implementação da necessidade pública.[22]

O ordenamento positivo pátrio não prevê, expressamente, o princípio da proporcionalidade. Sua utilização se extrai, não obstante, de outras regras nele existentes, como, por exemplo, aquela inserida no art. 5º, § 2º da Constituição Federal, no princípio da isonomia e no da justiça distributiva.

Cumpre encampá-lo, pois, na condição de implícito, com idêntica importância sistemática e axiológica daqueles positivados.

---

[21] SUNDFELD, Carlos Ari. *Fundamentos de direito público*, p.144.

[22] FIGUEIREDO, Lúcia Valle. *Curso de Direito Administrativo*. 2.ed. p.46.

Destarte, quando presente o conflito, impõe-se ao julgador a tarefa de harmonizar o interesse dos titulares dos direitos, considerado em sua individualidade, com aqueles interesses que pertencem a toda a comunidade política de modo a permitir a convivência o quanto possível integral entre três ordens distintas de interesses: "interesses individuais, interesses coletivos (ou supra-individuais, nos quais se incluem os chamados interesses coletivos) e interesses gerais ou públicos.[23]

> "É nessa dimensão, objetiva, que aparecem, segundo Willis Santiago Guerra Filho, princípios como o da isonomia e proporcionalidade, engrenagens essenciais do mecanismo político-constitucional de acomodação dos diversos interesses em jogo, em dada sociedade, e, logo, indispensáveis para garantir a preservação de direitos fundamentais, donde se incluírem na categoria, equiparável das garantias fundamentais.[24]

Para o mesmo autor, o princípio da proporcionalidade seria mais importante do que o da isonomia, pois este determina a extensão a todos, sem distinção, dos direitos, enquanto o da proporcionalidade permite, concretamente, a distribuição entre eles.

No tocante ao princípio extra-sistêmico, Wróblewski afirma que vem a ser aquele que nem é princípio positivo nem princípio implícito de direito, mas que advém da essência dos conceitos jurídicos considerados como entidades na condição de convicções jurídico-éticas que se encontram na consciência coletiva.[25]

Uma aproximação dessa idéia é reforçada por Szabó para quem a "consciência do direito" é anterior ao direito positivo

---

[23] MIRANDA, Jorge (org.). *Perspectivas constitucionais nos 20 anos da Constituição de 1976*, p.256.

[24] Idem, p.256.

[25] WRÓBLEWSKI, Jerzy. "El papel de los principios del derecho en la teoria e ideologia de la interpretacion juridica". In: *Sentido e hecho en el derecho,* p.153.

> e mesmo se, em sua maior parte, ela concerne ao direito em sua exteriorização concreta, ele é apesar disso, mais geral que aquela. Os elementos constitutivos desta generalidade compreenderiam, segundo as tradições jurídicas, outros fatores que são por assim dizer vizinhos do direito, tais como as considerações morais.[26]

Reputo essa classificação como a mais completa, exatamente em face da admissão da existência de princípios também fora do sistema.

No tocante às duas últimas categorias: princípio-nome e princípio-construção, por não terem características próprias e diferenciadoras, são absorvidos pelas três anteriores.

Releva anotar que parte da doutrina vê o surgimento do princípio tão-somente com sua positivação.

Ao revés, visão diversa sustenta que os princípios seriam as idéias com vigência social – os pré-princípios da corrente oposta – e, portanto, fontes de direito independentemente de positivação anterior.[27]

Destarte, ouso conceituar o instituto como sendo

> a norma explicita ou implicitamente componente de um ordenamento positivo ou extraída da consciência jurídica geral em cada momento[28] – elemento estrutural – que serve para garantir-lhe unidade e sistematização – elemento funcional – e que, por conseqüência, se espraia sobre todo o ordenamento.

Vê-se que nessa conceituação existe um reducionismo no tocante à qualidade do ordenamento que deve ser positivo, em aparente oposição às normas de direito natural.

Essa redução proposital serve para assegurar que o trabalho se desenvolva exatamente em relação ao conflito de normas escritas

---

[26] SZABÓ, Imre. *Lês fondements de la theorie du droit*, p.279.
[27] BELADIEZ ROJO, Margarita. *Los Principios Juridicos*, p.44
[28] Cf. LARENZ, Karl. Op. cit., p.236.

componentes desse ordenamento, como já antecipado no próprio título no que representem, embora, contradição ou não com os princípios postos ou pressupostos.

Em resumo, e enquanto elemento harmonizador ou sistematizador do ordenamento positivo, o princípio é aqui tomado sob a ótica de Florez-Valdés, em uma tríplice tarefa: fundamento da ordem jurídica, orientador da interpretação das demais normas e fonte de direito em caso de insuficiência das demais fontes.[29]

5.2.1 Princípios: identificação

Embora muito se fale sobre a multiplicidade funcional dos princípios, pouco se escreve a respeito do modo como identificar a vigência de uma norma principiológica e o que se vê, com freqüência, é a proliferação de regras qualificadas por doutrinadores isolados como princípios, em uma clara tomada de posição eminentemente pessoal em que se busca equiparar essa opinião a um valor, ao revés de um "pensamento orientado a valores" como se deve depreender da existência do princípio,[30] sem que se diga como é possível descobri-lo.

Sua identificação acompanha, em dificuldade e complexidade, a falta de sintonia ao defini-lo e ao apontar-se sua natureza jurídica.

Diversos critérios são construídos, então, ao desenvolver-se essa tarefa.

Em primeira hipótese, a evidência de sua realidade e eficácia é colocada por alguns como sendo esse fundamento identificador.

O princípio seria então aquele que tenha sido descoberto e sobre o qual não reste qualquer dúvida quanto à sua aplicabilidade.

Afirma Beladiez Rojo que:

---

[29] FLÓREZ-VALDÉS, Joaquín Arce. *Los principios generales del Derecho y su formulacion constitucional*, p.53.

[30] LARENZ, Karl. Op. cit., p. 336.

> A vigência atual do princípio da boa-fé é inegável, sendo sua própria evidência a melhor forma de demonstrar que essa idéia forma parte da consciência jurídica da coletividade, e, portanto, que é um princípio jurídico.[31]

Essa base parece não ser suficiente para "descobrir" os princípios jurídicos implícitos e, bem assim, aqueles antes nomeados de extrasistêmicos, os quais, em certa medida, não deixam também de ser implícitos, no sentido de que carecem de evidência.

Um segundo raciocínio diz respeito à existência de uma instituição organizada em torno do valor ou idéia que se pretende que seja um princípio.

Assim entende García de Enterría, ao dizer:

> As instituições jurídicas tornam-se peculiares por uma idéia organizativa a serviço da qual se especifica uma técnica determinada com uma unidade interior. Essa idéia organizadora, que é a que ordena o sentido orgânico do conjunto, ao ser uma corporação de conteúdos valorativos, uma pretensão de regulação social sobre um âmbito determinado de valores e chave funcional de todo um mecanismo técnico em que a instituição consiste, se eleva à categoria de um verdadeiro princípio geral.[32]

Esse entendimento, não obstante, encontra ainda barreiras. De um lado, porque nem sempre o princípio jurídico converge na existência de uma instituição em torno dele; de outro, porque nas esferas do Direito em que não vigora a autonomia da vontade – por exemplo, no Direito Administrativo – supor a existência de uma instituição conectada ao princípio significaria admitir tão-somente a existência de princípios positivados em lei.

---

[31] BELADIEZ ROJO, Margarita. Op. cit., p.46

[32] GARCÍA DE ENTERRÍA, Eduardo. *Reflexiones sobre la ley y los princípios generales del Derecho*, p.59.

Crítica desse jaez é colocada por Beladiez Rojo ao afirmar que:

> No direito administrativo, por exemplo, ao configurar-se em torno do princípio da legalidade a técnica de atribuição de poderes, a Administração, sem uma prévia habilitação legal (entendendo este conceito em sentido não técnico, equivalente a norma jurídica) não pode realizar nenhum tipo de atuação, e, em conseqüência, não poderá criar nenhum tipo de instituição.[33]

Há, portanto, verdadeira inversão lógica quando se pretende que a existência do princípio demande a existência prévia de uma instituição.

É, ao revés, a realidade do princípio que fundamenta a instituição.

Pode-se tomar como exemplo de que a força jurídica dos princípios é apartada da existência de uma instituição ao seu redor, o entendimento jurisprudencial construído com base na expectativa do cidadão, diante da Administração, de que esta cumpra seu dever de responder às consultas formuladas pelo administrado, independentemente da existência prévia de lei que imponha esse dever, mesmo porque é defensável que possa o administrador corrigir ato seu inadequado – ilegal ou não – para evitar o uso do meio judicial para esse fim.

A exegese ora posta pode ser extraída do comando do art. 5º da Lei n. 1.533, de 31.12.1951 que regula, infraconstitucionalmente, o Mandado de Segurança entre nós e veda a utilização dessa ação contra ato de que caiba recurso administrativo a que se atribua efeito suspensivo.

Em nível de jurisprudência pátria já se decidiu pela existência de princípio não positivado no âmbito do Direito Público ao enfrentar-se a questão do silêncio administrativo, embora sob a perspectiva de inibir o fluxo prescricional para o reclamo de direitos dos adminis-

---

[33] BELADIEZ ROJO, Margarita. Op. cit., p.50.

trados, enquanto o Estado não se pronuncia.[34] Em tema de prorrogação de concessão de radiodifusão, o Superior Tribunal de Justiça certa feita decidiu:

> O silêncio da administração, frente ao pedido de renovar-se a concessão de radiodifusão nem sempre implica em ela se prorrogar tacitamente. O art. 33, § 4º da Lei 4.171/1962 reclama interpretação em conjunto com o art. 2º da Lei 5.785/1972: a prorrogação tácita da concessão de radiodifusão somente ocorre, se a concessionária comprovar que está em dia com todas as "exigências legais e regulamentares.[35]

Nesse caso, houve a clara definição do reconhecimento da existência de um silêncio positivo, com a restrição dos seus efeitos em função da inexistência dos pressupostos de legalidade, em consonância com a doutrina ora esposada de que os princípios podem ser aplicados e têm força jurídica, independentemente da prévia instituição.

---

[34] BRASIL. Supremo Tribunal Federal. Administrativo. Silêncio da Administração. Conduta omissiva, importando inadimplemento do dever de providenciar sobre a matéria posta a seu exame, não dá ensejo a prescrição do direito do administrado. Recurso Extraordinário n. 115033-MG. Segunda Turma. Relator: Ministro Carlos Madeira. Brasília, 5 de fevereiro de 1988. *Diário da Justiça.* 11 de março de 1988. p.4749.

BRASIL. Superior Tribunal de Justiça. Administrativo - Prescrição - Silêncio do Administrador. Enquanto pender, sem resposta, requerimento dirigido à Administração, não se inicia o fluxo prescricional em favor desta. Embargos de Divergência no Recurso Especial 6283-BA. Primeira Seção. Relator: Ministro Humberto Gomes de Barros. Brasília, 16 de junho 1992. *Diário da Justiça.* 28 de setembro de 1992. p.16364.

BRASIL. Superior Tribunal de Justiça. Administrativo - Processo Civil - Silêncio da Administração - Início do prazo prescricional. 1. Enquanto pender sem resposta requerimento dirigido à Administração, o fluxo prescricional em favor desta não se inicia. 2. Nas obrigações de trato sucessivo, a prescrição em favor do Estado incide apenas sobre as prestações não reivindicadas no qüinqüênio que antecedeu o exercício da ação (Decreto 20.910/32 – Art. 3º). RESP 7374-BA. Primeira Turma. Relator: Ministro Humberto Gomes de Barros. Brasília, 30 de novembro de 1992. *Diário da Justiça.* 17 de dezembro de 1992. p. 24213.

[35] BRASIL. Superior Tribunal de Justiça, RESP 65316/MG. Primeira Turma. Relator: Ministro Humberto Gomes de Barros. Brasília, 2 de dezembro 1996. *Diário da Justiça.* 17 de março de 1997. p.7433

Assim, o dever de resposta da Administração é criado independentemente de sua consagração em lei, por resultar de uma exigência do princípio da segurança jurídica.

O princípio surgiria, então, quando um valor socialmente aceito pudesse inspirar a solução das controvérsias judicialmente postas ou possíveis de serem.

Há, pois, um deslocamento do problema.

Não se trata mais de definir quando surge um princípio, mas de afirmar o critério objetivo pelo qual se possa identificar com precisão os valores jurídicos da comunidade antes de sua transformação institucional.[36]

De logo é importante anotar que não existe um critério infalível para se determinar, objetivamente, o momento em que uma idéia deixa de ser um juízo subjetivo de valor e passa a ser de toda a comunidade.

Consoante sustenta Larenz ao examinar a vigência social de um valor, os princípios somente se tornam conhecidos em face de sua repetida aplicação e mediante a comparação entre as reações próprias e as análogas dos demais.[37]

Poder-se-ia aduzir, que é característica ínsita aos princípios essa dificuldade de sua identificação prévia, segura e objetiva.

Não obstante, não pode o jurista renunciar a essa objetividade e, assim, não lhe é permitido abdicar da descoberta de novos princípios em razão dessa dificuldade, ainda porque é em face dessa objetivação – descoberta – que os valores sociais se tornam princípios jurídicos.

Para Larenz, ainda reconhecendo a impossibilidade de que estes critérios proporcionem um prova plena que garanta, verdadeiramente, que uma idéia determinada expresse um sentir da comunidade, o jurista nunca pode prescindir dessa descoberta.[38]

---

[36] BELADIEZ ROJO, Margarita. Op. cit., p.52

[37] Cf. LARENZ, Karl. *Derecho justo,* p. 195.

[38] LARENZ, Karl. Op. cit., p. 231.

Embora se possa temer a impossibilidade de demonstrar-se com segurança e objetividade que se está diante de um valor reconhecido pela comunidade, ainda assim deve-se manter a aplicação continuada do valor emanado do princípio como critério apto a identificá-lo.

A validade dessa argumentação é direcionada aos princípios ainda não positivados.

Para os implícitos e os extra-sistemáticos, além desse critério da aplicação continuada, há de se ressaltar, ainda, a possibilidade de extrair-se a convicção ética-jurídica da comunidade de outros princípios já reconhecidos.

Significa dizer que

> todo princípio, até que se faça evidente, há de passar por uma fase prévia na qual é impossível ter uma garantia total de que se está realmente ante um autêntico princípio jurídico, razão pela qual não se pode pretender reconhecer, descobrir ou achar estes novos princípios segundo um critério infalível.[39]

Dessa dificuldade decorre, certamente, a indevida proliferação da indicação de valores individuais como se "princípios" fossem, quando na verdade ainda não tenham tido sua evidência revelada pela aplicação e não possam ser verificados como pertencentes à comunidade a que se destinam.

5.3 A GENERALIDADE E A ESPECIALIDADE DAS LEIS

Consoante ressalta Vittorio Italia, as normas jurídicas eram colocadas no passado todas no mesmo plano, existente diferenciação, tãosomente, no tocante à especialidade ou generalidade das regras.

---

[39] BELADIEZ ROJO, Margarita. Op.cit., p.62.

Essa distinção remonta ao silogismo aristotélico que se compunha de uma norma geral, uma premissa particular e a conclusão aplicada ao caso concreto.

Ao tratar do tema o mencionado jurista explica que:

> Esse raciocínio aplicado ao Direito fez com que algumas regras fossem consideradas de caráter geral, e outras de caráter especial. A relação entre regra geral e regra especial era resolvida através de conhecidas fórmulas que a lei especial derroga a lei geral, e a regra geral sucessiva não derroga a lei especial precedente.[40]

Maria Helena Diniz, não obstante sustente que a norma especial tem prevalência sobre a geral, esclarece, no mesmo diapasão, que:

> Uma norma é especial se possuir em sua definição legal todos os elementos típicos da norma geral e mais alguns de natureza objetiva ou subjetiva, denominados especializantes.[41]

Para Orlando Gomes, reputa-se especial a lei quando apanhe menor número de destinatários ou de hipóteses, importe no desdobramento de institutos codificados e regule matéria estranha ao conteúdo do Direito Privado.[42]

Tais fórmulas, consoante já assinalado, têm sua utilidade contestada quando são instituídas, pela lei geral, regras axiologicamente incompatíveis com aquelas que formavam a base da lei especial anterior, mas em inteira consonância com os valores apanhados na sociedade no momento da vigência da lei geral.

---

[40] ITALIA, Vittorio. *Principi generali e principi determinatti dalla legge,* p. 9

[41] DINIZ, Maria Helena. *Lei de Introdução ao Código Civil Brasileiro Interpretada,* p.74.

[42] GOMES, Orlando. *Introdução ao Direito Civil,* p. 69.

5.4 A SOLUÇÃO DA LEI DE INTRODUÇÃO AO CÓDIGO CIVIL

O exame do art. 2º da LICC poderia ser a mola propulsora para resolver o conflito posto, ao determinar a vigência permanente da lei que não seja temporária até que outra a modifique ou revogue.

E explicita em seus parágrafos as formas pelas quais se pode considerar que uma lei posterior revogue a anterior, ou seja, quando expressamente o declare, quando seja com ela incompatível ou quando regule inteiramente a matéria de que tratava a lei anterior.

Mas ressalva: a lei nova que estabeleça disposições gerais ou especiais, a par das já existentes, não revoga nem modifica a lei anterior.

À primeira vista, poder-se-ia concluir que mesmo posterior, a lei geral não revoga a especial, senão se a contrariar expressamente, for com ela incompatível ou regular inteiramente a matéria de que tratava a lei anterior.

Sabemos que, pelo critério da especialidade, lei geral posterior não revoga lei geral anterior. Essa regra encontra-se expressamente prevista em nossa Lei de Introdução ao Código Civil, art. 2º, § 2º.

Com base nela, o conflito entre critério de especialidade e critério cronológico deve ser resolvido em favor do primeiro: a lei geral sucessiva não tira do caminho a lei especial precedente.

A razão dessa escolha não é difícil de se entender. Quando o legislador subtrai do todo uma parte para regulamentá-la de forma diversa, nada mais está fazendo do que cumprindo o conteúdo do princípio da igualdade pelo qual devemos tratar de maneira desigual os que não são iguais.[43]

A passagem da regra geral para a especial corresponde a um processo natural de diferenciação de categorias. Entende-se, portanto, porque uma lei especial deva prevalecer sobre uma geral: ela repre-

---

[43] BOBBIO, Norberto. Op. cit., p. 96.

senta um momento que não pode ser eliminado do desenvolvimento da categoria própria.

Retornar ao nível da generalidade seria bloquear esse desenvolvimento. Portanto, em princípio, o Código Civil Brasileiro não revogará as leis especiais hoje vigentes.

5.5 A HARMONIZAÇÃO DECORRENTE DO USO DOS PRINCÍPIOS

Consoante esboçado na introdução deste trabalho, essa não parece ser a solução, pois, os princípios gerais de direito possuem, entre suas diversas funções, uma especial vocação de fonte jurídica supletiva.

Essa atribuição deve ser ainda mais acentuada quando se perquire sobre as antinomias não contraditórias habitualmente existentes entre as normas de natureza geral e as especiais.

Ora, o pensamento dogmático que decreta a vigência da norma especial ao lado da geral sempre que não for conflitante com esta ou não a houver implícita ou expressamente revogado não é suficiente ao trabalho interpretativo quando se detecte que, apesar de tal regra, a norma especial anterior por prevalecer está em desacordo com os princípios extraídos ou não do sistema, expressos ou implícitos, que refutem essa solução simplista.

Muitas vezes, a crescente intervenção do Estado na atividade econômica gera o exacerbamento da normatização do comportamento humano com a produção em larga escala de regras que não se coadunam, às inteiras, com as necessidades sociais.

O monopólio estatal dessa atividade produz uma situação paradoxal.

Por um lado, reclama a sociedade a edição cada vez mais rápida de normas as mais diversas como forma de garantir-lhe a tão almejada segurança jurídica; de outro lado, a resposta estatal aparece cada vez mais desconectada com a visão doutrinária existente em razão da ausência de reflexão sobre o seu conteúdo. Esse fenômeno, que não é exclusivamente nosso, termina por atingir mais arduamente os Estados em que se "confia" somente na solução legislativa como remédio para todos os males.

Como fazer quando não estamos diante de uma lei geral qualquer, senão daquela que pretende ser o centro do Direito Privado e assume sua função social de harmonia em todas as relações civis, aí incluídas as obrigações comerciais?

Cremos que o Código Civil tenha em nossos dias uma nova função: a de ordenador do sistema jurídico do Direito Privado, com uma revitalização da doutrina jurídica de cláusulas gerais.

Exatamente ao princípio, na condição de "porta-valores" é acometida a tarefa ora desenhada de harmonizar o conteúdo das normas.

Muitas vezes, a lei geral termina por consagrar bens cuja manutenção pelo jurista é mais salutar do que a mera obediência ao dogma indicado.

Ainda mais quando se trata da lei cuja função, como assinalado acima, deva ser a de veicular cláusulas gerais e flexíveis aptas a permitir a atualização constante do Código.

Sobre essas cláusulas gerais, Judith Costa lembra que:

> Ao mesmo tempo, viabilizarão o desenvolvimento de um direito privado pluralista como a sociedade que lhe dá origem e justificação, porém harmônico e compreensível, já que não necessariamente pulverizado em centenas de pequenos mundos normativos tecnicamente díspares, valorativamente autônomos e em si mesmo fechados e conclusos.[44]

Assim, a prevalência haverá de ser sempre da norma que estiver em consonância com os princípios jurídicos referentes à sociedade a que visem, vigentes naquele momento.

---

[44] COSTA, Judith Hofmeister Martins da. Op. cit., p. 16.

A resolução aqui apresentada somente pode ser louvada se a descoberta dos princípios vigentes for feita mediante sua aplicação, ainda mais porque não deve se apartar da noção de justiça em um daqueles sentidos identificado por Perelman e que consistiria na aplicação da mesma lei a casos idênticos.[45]

5.6 ALGUMAS HIPÓTESES ESPECÍFICAS: UNIÃO ESTÁVEL; DIREITO DE SUPERFÍCIE

Consoante examinado antes, deve ser buscada nos princípios gerais do direito a solução para harmonizar os dispositivos colidentes entre as normas especiais em vigor e o novo Código Civil.

Esses princípios deverão estar solidamente fixados conforme a valoração validamente extraída do ordenamento sistematizado.

Por outro lado, como leciona Lourival Vilanova[46] ao se procurar estabelecer pela metalinguagem novas escalas no conhecimento jurídico é imprescindível que se retorne ao caso prático de modo a aliar a teoria à práxis.

Exatamente com esse intuito, passo a analisar alguns casos que aparentemente são conflitantes e cuja colisão deve ser dirimida por princípio jurídico, com a pretensão apenas de demonstrar a hipótese de trabalho aqui enfrentada e não de esgotar a matéria.

5.6.1 União estável

Ao entrar em vigor o novo Código Civil certamente encontrará as Leis n. 8.971, de 29 de dezembro de 1994 e n. 9.278, de 10 de maio de 1996 que atualmente regulam a união estável.

---

[45] PERELMAN, Chäim. *Ética e Direito,* p.12.

[46] VILANOVA, Lourival. *Estruturas lógicas e o sistema do direito positivo,* p. 168 e segs.

O Título III do Livro IV concernente ao Direito de Família dedica a esse instituto cinco artigos. No que concerne ao direito sucessório, regula-o o art.1790; o direito a alimentos, o art. 1708.

De maneira idêntica como se procedeu ao se tentar harmonizar as duas leis especiais entre si, em face da aparente colisão de regras, aqui também incumbirá ao jurista proceder à harmonização entre os novos ditames codificados e aqueles diplomas legais esparsos.

Os princípios a serem preservados serão o da proteção à família e de igualdade entre os filhos, enquanto expressos na Constituição Federal – art. 226.

A igualdade entre os conviventes é princípio implícito a ser obedecido, extraído dos princípios positivados da isonomia, da igualdade entre os cônjuges e da proteção à família.

Cremos que há também de ser observado princípio extra-sistêmico, pelo qual não é cabível conceder aos conviventes maiores direitos do que aqueles atinentes aos cônjuges.

Esse princípio pode ser extraído da consciência coletiva no sentido de que deva ser mantida a instituição do casamento.

Vale salientar que à época da edição da Lei n. 8.971/94 muitas vozes se levantaram contra a concessão de mais direitos aos companheiros do que aos cônjuges no que dizia respeito, em especial, ao usufruto dos bens: à convivente, o direito ao usufruto da metade dos bens quando não houvesse filhos; à viúva que houvesse sido casada pelo regime da separação total de bens, o usufruto da quarta parte do patrimônio em qualquer hipótese.

Dizia Saulo Ramos, à época, que contribuiu como advogado, na defesa do interesse das mulheres abandonadas pelo companheiro, à construção pretoriana que resultou na edição de súmula pelo Supremo Tribunal Federal, reconhecendo direito à meação do patrimônio amealhado durante a sociedade de fato. Não obstante, reafirmava ele, esse reconhecimento judicial não podia resultar na redução dos direitos concernentes à pessoa casada, "dando ao não-casado, homem ou mulher, usufruto maior do que aquele assegurado aos casados na hipótese de morte do cônjuge".[47]

Igualar direitos dos companheiros aos dos cônjuges é ideal a ser buscado pelo legislador, como forma de permitir a proteção integral da família, seja ela constituída pelo casamento ou não.

Desse objetivo não se pode extrair a conseqüência de se conceder maiores direitos aos que vivem em união estável do que àqueles que optaram pelo matrimônio, sob pena de se institucionalizar a preferência pela primeira figura e decretar-se obliquamente a extinção do casamento, regra que não pode ser extraída do art. 226, § 3º da Constituição Federal, a qual estimula a conversão das uniões em casamentos.

A sociedade repele, pois, essa possibilidade como um exagero.

Apontados esses princípios, devem ser ele transpostos para a interpretação referente à colisão entre as normas especiais indicadas e o novo direito codificado.

Ao regular as relações patrimoniais entre os companheiros, por exemplo, o novo Código Civil em seu art. 1725 utiliza a expressão convenção válida para esse fim, não mais a exigir contrato escrito como faz o art. 5º da Lei n. 9.278, de 10 de maio de 1996.

Por entender que convenção é acordo de vontades e não tendo sido estipulada a forma escrita como necessária à sua validade, ao afastamento das regras pertinentes à comunhão de bens bastará a existência desse consenso, daí porque a prova testemunhal poderá ser plena para o fim de comprovar a não existência de comunhão.

Nesse caso, prevalecerão não as leis especiais, mas, sim, a geral, em observância ao princípio jurídico da liberdade de formas – art. 107 – prevalência da vontade – art. 112 – e da boa-fé.[48]

---

[47] *Folha de S.Paulo*. 21/mar./1995. Opinião. p.1-3.

[48] Os artigos indicados referem-se ao novo Código Civil em sua numeração atualizada.

5.6.2 Direito de Superfície

O direito de superfície, definido como sendo o "direito real autônomo, temporário ou perpétuo, de fazer e manter construção ou plantação sobre ou sob terreno alheio, é a propriedade – separada do solo – dessa construção ou plantação, bem como é a propriedade decorrente da aquisição feita ao dono do solo de construção ou plantação, bem como é a propriedade decorrente da aquisição feita ao dono do solo de construção ou plantação nele já existente",[49] estava extinto de nosso ordenamento positivo desde 1864.

Com a edição da Lei n. 10.257 de 10 de julho de 2001, auto-intitulada Estatuto da Cidade, deu-se o reingresso desse instituto entre nós.

Pela leitura do seu art. 21 constata-se ter o legislador optado nessa lei especial em assegurar a perpetuidade do direito ao prever possa ele ser instituído por prazo determinado ou indeterminado.

O novo Código Civil, ao revés, em seu art. 1369, impõe seja o mencionado direito instituído somente por tempo determinado.

Consoante já tive oportunidade de apontar "admitir possa ser o direito de superfície instituído para durar indefinidamente, embora pudesse parecer à primeira vista um retrocesso, na visão de tantos quantos acreditem que a propriedade deve ser sempre plena, e a instituição de direito real sobre ela uma exceção, foi antes de tudo uma demonstração de que a propriedade privada há de ser preservada sempre que estiver em consonância com sua função social. É dizer, não há qualquer inconveniente em que se constitua sem prazo certo o direito de superfície para que outrem plante ou construa em terreno alheio por ser forma de garantir a utilização econômica do bem".[50]

---

[49] LIRA, Ricardo. "O Moderno Direito de Superfície (Ensaio de uma Teoria Geral)". *Revista de Direito da Procuradoria-Geral do Rio de Janeiro*, v.35, 1979, p.15.

[50] CASTRO, Mônica Neves Aguiar da Silva. "O Direito de Superfície na Lei 10.257, de 10 de julho de 2001 (Primeira Leitura)". *Revista Bonijuris*, Curitiba, ano XIII, n. 455, out./2001. p. 6.

Outrossim, convém lembrar que, a qualquer tempo, pode, havendo alienação do direito, consolidar o proprietário o domínio em suas mãos, em preferência a terceiros nas mesmas condições, como o declara o art. 22.

Assim, parece que no particular, a regra do estatuto – lei especial – coaduna-se com o princípio expresso referente à função social da propriedade e, por tal – e não pelo sua natureza de *lex specialis* – deve prevalecer.

A solução acha-se referendada no princípio da função social da propriedade, com sede constitucional expressa nos arts. 5º, XXIII e 182.

A harmonização possível é, pois, de permitir o termo indeterminado do direito.

5.7 CONCLUSÃO

É cada vez mais atual a observação de Bobbio de que ao jurista que compete sistematizar o ordenamento e garantir uma linguagem rigorosa ao Direito.

Diapasão desse entendimento é a hipótese de trabalho encampada nessa monografia, a de que a prevalência da norma haverá de ser definida com base nos princípios jurídicos "vigentes", os quais cumprem papel fundamental, posto que deles se extrai o sentido dos valores de uma dada sociedade.

Essa função tem relevo na discussão sobre a prevalência de leis e, especialmente, quando em conflito norma especial anterior e geral posterior, tema deste trabalho.

A especialidade garante, via de regra, proeminência sobre o aspecto cronológico.

Essa superioridade cede lugar, entretanto, toda vez em que seja contrária ao princípio guarnecido expressamente pelo sistema positivo, implicitamente nele encontrado ou mesmo extra-sistêmico.

Nesse caso, vigorará a regra que dentre todas atender mais especificadamente àquelas normas principiológicas.

Ao analisar a eventual colisão entre as normas especiais vigentes e o novo CC deverá o intérprete atentar para o conteúdo das regras postas e, ao decidir, privilegiará aquela que estiver em compatibilidade com o princípio que garanta maior harmonização não somente em relação às normas em conflito, mas, especialmente, no tocante aos valores inerentes àquela sociedade.

"Esta permanente atualização das instituições tem lugar, tanto quando as novas concepções valorativas incidem nas instituições já consolidadas adaptando-as às idéias sociais desse momento, como quando demandam a criação de uma nova instituição que possa solucionar um determinado tipo de problema de acordo com novos valores".[51]

5.8 BIBLIOGRAFIA

ALEXY, Robert. *Teoria de los derechos fundamentales.* Madri, Centro de Estudios Constitucionales, 1997.

BELADIEZ ROJO, Margarita. *Los principios juridicos.* Madri, Tecnos, 1997.

BOBBIO, Norberto. *Teoria do ordenamento jurídico.* 10.ed. Brasília, UNB, 1997.

CASTRO, Mônica Neves Aguiar da Silva. *Honra, imagem, vida privada e intimidade em colisão com outros direitos.* Rio de Janeiro, Renovar, 2002.

COMPARATO, Fábio Konder. "Variações sobre o conceito de povo no regime democrático". *Revista Trimestral de Direito Público.* São Paulo, Malheiros, n.16, 1996.

COSTA, Judith Hofmeister Martins da. *O Direito Privado como um "sistema em construção": as cláusulas gerais no Projeto do Código Civil Brasileiro.* Disponível em: URL: http://www1.jus.com.br/doutrina/texto.asp?id=513. Acesso em 16.11.2001.

[51] BELADIEZ ROJO, Margarita. Op.cit., p.53.

DÍEZ PICAZO, Luis. "Presentacion". In: LARENZ, Karl. *Derecho justo.* Madri, Civitas, 1985.

DINIZ, Maria Helena. *Lei de Introdução ao Código Civil Brasileiro Interpretada.* 8.ed. São Paulo, Saraiva, 2001.

FARIAS, Edilsom Pereira. *Colisão de Direitos.* Porto Alegre, Sergio Fabris Editor, 1996.

FIGUEIREDO, Lúcia Valle. *Curso de Direito Administrativo.* 2.ed. São Paulo, Malheiros, 1994.

FLÓREZ-VALDÉS, Joaquín Arce. *Los principios generales del Derecho y su formulacion constitucional.* Madri, Cuadernos Civitas, 1990.

GARCÍA DE ENTERRÍA, Eduardo. *Reflexiones sobre la ley y los principios generales del Derecho.* Madri, Civitas, 1984.

GARCÍA FIGUEROA, Alfonso. *Principios y positivismo jurídico.* Madri, Centro de Estudios Políticos y Constitucionales, 1998.

GOMES, Orlando. *Introdução ao Direito Civil.* 12.ed. Rio de Janeiro, Forense, 1996.

GUERRA FILHO, Willis Santiago. "Notas em torno ao princípio da Proporcionalidade". In: MIRANDA, Jorge (org.). *Perspectivas Constitucionais nos 20 anos da Constituição de 1976.* Coimbra, Coimbra Editora, 1996, v.1.

ITALIA, Vittorio. *Principi generali e principi determinatti dalla legge.* Milão, Giuffrè, 2000.

LARENZ, Karl. *Metodologia da Ciência do Direito.* 3.ed. Lisboa, Fundação Calouste Gulbenkian, 1997.

__________. *Derecho justo.* Madri, Civitas, 2001.

LASSALE, Ferdinand. *A essência da Constituição.* 4.ed. Rio de Janeiro, Lúmen Júris, 1998.

LIRA, Ricardo. "O Moderno Direito de Superfície (Ensaio de uma Teoria Geral)". *Revista de Direito da Procuradoria-Geral do Rio de Janeiro,* v.35, 1979, p.15.

MELLO, Celso Antonio Bandeira de. *Curso de Direito Administrativo.* 5.ed. São Paulo, Malheiros, 1994.

MIRANDA, Jorge (org.). *Perspectivas Constitucionais nos 20 anos da Constituição de 1976.* Coimbra, Coimbra Editora, 1996.

OLIVEIRA, J.M. Leoni Lopes de. *Projeto do Código Civil.* Rio de Janeiro, Lúmen Júris, 1998.

PEREIRA, Caio Mário da Silva. *Instituições de Direito Civil.* 18.ed. Rio de Janeiro, Forense, 1995, v.1.

PERELMAN, Chäim. *Ética e Direito.* São Paulo, Martins Fontes, 2000.

ROCHA, Carmen Lúcia Antunes. *Princípios Constitucionais da Administração Pública.* Belo Horizonte, Del Rey, 1994.

ROTHENBURG, Walter Claudius. *Princípios Constitucionais.* Porto Alegre: Sergio Antonio Fabris Editor, 1999.

SUNDFELD, Carlos Ari. *Fundamentos de direito público.* São Paulo, Malheiros, 1992.

SZABÓ, Imre. *Lês fondements de la theorie du droit.* Budapeste: Akademia Kiada, 1973.

VILANOVA, Lourival. *Estruturas lógicas e o sistema do direito positivo.* 2.ed. São Paulo, Max Limonad, 1997.

WRÓBLEWSKI, Jerzy. "El papel de los principios del derecho en la teoria e ideologia de la interpretacion juridica". In: *Sentido e hecho en el derecho,* Servicio Editorial Universidad del Pais Vasco, San Sebastian, 1989.

6 Princípios e *Topoi*: A Abordagem do Sistema e da Tópica na Ciência do Direito

*Alexis Augusto Couto de Brito**

* Advogado em São Paulo. Mestre pela Pontifícia Universidade Católica de São Paulo (PUC-SP) e doutorando pela Universidade de São Paulo (USP). Professor do Centro Universitário Capital (graduação) e da Universidade Nove de Julho (pós-graduação).

6.1 INTRODUÇÃO

Entre os profissionais do meio jurídico contemporâneo é consensual a idéia de que o labor do jurista seja considerado como uma ciência. A qualquer operador que se pergunte sobre o caráter científico do Direito não faltará aceno de confirmação. Porém, faz-se necessário enaltecer os avanços obtidos até aqui e, mais uma vez, discutir alguns pontos de suma importância, no intuito pretensioso de fornecer, ainda que pequena, uma parcela de colaboração.

O reconhecimento da cientificidade do estudo jurídico percorreu caminhos tortuosos até que atingisse o nível atual. Algumas correntes adotadas ao longo da história demonstram os erros e acertos, sempre necessários e não desprezáveis, principalmente os concernentes à definição do objeto e da metodologia, elementos indispensáveis ao estudo que se pretenda predicar científico.

A partir do início do século passado, principalmente sobre a influência de Hans Kelsen, cuja contribuição à Ciência do Direito é inegável, os estudos concatenaram a uma determinação mais precisa do objeto de estudo, elevando a norma jurídica a um posto de destaque. Não se pretende neste momento afirmar que os pensamentos estejam pacificados, mas apenas desviar as atenções ao segundo elemento da cientificidade: o **método.**

Considerados por alguns como o diferencial das Ciências, a metodologia da Ciência do Direito ainda sofre abalos e contradições, dentro de um curso natural e louvável de anseios teleológicos, sempre em busca do aperfeiçoamento.

E, particularmente, dois conceitos dentro da metodologia jurídica destacam-se e despertam maiores interesses ainda hoje na doutrina, pátria ou alienígena: o conceito de sistema, arrimado nos princípios, e o conceito de tópica, cujo alicerce se encontra nos *topoi.*

Adiante serão abordados os conceitos de sistema e de tópica, suas características, vantagens e formas de utilização e, ao final, a proposta acerca do valor de cada posicionamento e de sua colocação no âmbito científico, respaldada por respeitáveis intelectuais.

E para situar o leitor, são oportunas algumas considerações de cunho histórico e conceitual acerca da chamada Ciência do Direito, a que Bobbio muito bem qualifica de *jurisprudência.*

6.2 A CIÊNCIA DO DIREITO

Em uma busca rápida encontramos a definição da *Ciência do Direito* como um "sistema de conhecimentos sobre a realidade jurídica",[1] definição assaz genérica. Bobbio fala do caráter ontológico – dizer o que é o Direito – o que se faz com auxílio da experiência, tomando posse da realidade. Segundo ele, Direito é relacionamento intersubjetivo recíproco. Seus objetos são as normas jurídicas e suas fontes, o relacionamento jurídico entre os sujeitos (o comportamento real).[2]

Inquire-se sobre a cientificidade desta ciência, sustentada pela afirmação de que se trata de conhecimentos "sistemáticos", isto é, metodicamente obtidos e comprovados. Considera-se, então, a sistematicidade como um argumento para a cientificidade. Entende-se com isso uma atividade ordenada segundo princípios próprios e regras peculiares, o que uma vez e outra procurou modelo nas chamadas ciências da natureza.[3]

Tal transposição com as ciências "naturais" mostrou-se, ao longo das décadas, de extrema dificuldade. É o que observa Aguillar quando discorre que a Ciência do Direito apresenta-se como uma ciência diferente das ciências naturais em que as respostas são universalmente válidas.[4] Seu objetivo seria o compromisso com a produção de críticas às normas jurídicas e à sociedade onde essas nor-

---

1 FERRAZ JR., Tercio Sampaio. *A Ciência do Direito*, p.9.
2 BOBBIO, Norberto. *Teoria della scienza giurídica*, p.12.
3 Idem, p.13.
4 AGUILLAR, Fernando Herren. *Metodologia da ciência do direito*, p.12.

mas são aplicadas, portanto, uma teoria crítica do Direito apoiada nas considerações históricas. Para este autor, incute razão o pensamento de Karl Popper, que recusa uma concepção científica que pretenda deter a verdade absoluta, e assim a Ciência do Direito igualmente é uma ciência que não busca leis de validade universal.

Mas o que se percebe ao longo dos estudos é que essa ciência distingue-se, tanto pelo seu método quanto pelo seu objeto, das demais ciências nomeadas naturais.

Aparece então a questão: deve-se encarar o objeto de estudo como sendo a norma ou a captação da norma no caso concreto? Pode-se adicionar a este rol a pessoa humana?

Aparentemente não satisfaz a perspicácia do jurista o simples tratamento da norma. Como dito nas linhas de Karl Engisch, constitui um privilégio da Ciência do Direito o fato dela não trilhar seu caminho ao lado ou atrás do Direito, mas antes aperfeiçoá-lo, e a vida que nele e sob a sua égide decorre. Havendo uma ciência jurídica, esta há de ser uma ciência prática.[5]

A positivação do Direito, pelas características e anseios da vontade humana e, por vezes, da vontade do Estado, forçou a tematização do ser humano como objeto da Ciência do Direito. Daí o surgimento de doutrinas nas quais, além do aspecto normativo, incluem-se o indivíduo social e os fatos decorrentes de seus relacionamentos. O homem é o centro do trabalho do cientista do Direito, expressão do humanismo jurídico, que se caracteriza por avultar a pessoa humana, sua condição de centro referencial, o que significa colocá-la como substância do Direito, como sua causa e seu fim, algo que contemporaneamente volta a ganhar relevância. Daí o enfoque que se faz necessário da **decidibilidade** como temática a ser tratada, ou seja, da ponderação de que o operador ou militante do direito deve se preocupar não somente da construção abstrata da solução, mas aplicar a norma positiva de forma a decidir efetiva e coerentemente sobre um conflito.

---

[5] ENGISH, Karl. *Introdução ao pensamento jurídico,* p.7.

6.3 BREVE PANORAMA HISTÓRICO

Conhecendo a extensão de uma reportagem histórica abrangente, pretende-se em poucas linhas apenas situar o leitor de forma célere em alguns contextos científicos importantes ocorridos ao longo dos séculos.

Nem sempre foi bem vista ou até aceita a idéia da *jurisprudência* como uma Ciência. Erik Wolf reproduz frases de aversão aos juristas, como "cavaleiros de parágrafos cuja existência tem como fim a guerra de papel", "burocratas alheios ao mundo e alheios à vida, que decidem de acordo com um esquema X" ou "que pretendem dirigir o desenvolvimento da situação social e do relacionamento humano do tapete verde das comissões e conferências".[6] Basta, neste momento, relembrar o inconformismo de Kirchmann que, dentre outros argumentos, pronuncia a possibilidade do desmoronamento de inteiras bibliotecas por uma simples alteração legal, ato de vontade de um legislador. Sua célebre frase "três palavras retificadoras do legislador e bibliotecas inteiras estarão maculadas" (*Drei berechtigende Wörte des Gesetzsgebers und ganze Biblioteken werden zu Makulatur*) marcou a história e atormentou juristas durante longas décadas.[7]

O termo *Ciência do Direito* foi colocado pela escola histórica alemã no século XIX, que se preocupou em atribuir ao estudo do Direito um caráter científico. Os chamados pandectistas (Merkel, Bierling e Bergbohm, dentre outros), especialistas em Direito Romano, construíram o que batizaram de Teoria Geral do Direito, buscando os fenômenos contingentes em um nível superior de abstração. Os diversos ordenamentos jurídicos têm diversos pontos de contato entre si e, segundo Aguillar, isso pode ser explicado por razões históricas.[8]

---

6 WOLF, Erik. *El carácter problemático y necesario de la ciencia del derecho*, p. 24.

7 VON KIRCHMANN, Julius Hermann; WOLF, Erik. *Il valore scientifico della Giurisprudenza*, p. 18.

8 AGUILLAR, Fernando Herren. Op.cit., p. 167.

Mas antes disso, no século XII, com o surgimento dos glosadores (como Accursius e Bártolo), o aspecto dogmático já aparece. Possuindo um caráter limitadamente explicativo (exegético) por meio de observações gramaticais, filológicas e de sentido, e procurando distinções e concordâncias entre os textos, os glosadores exercitavam uma tentativa de harmonização dos textos legais, que se tornaram, ao fim, verdadeiros comentários.

No século XVII, com Samuel Freiher Pufendorf e os seguidores do *jusnaturalismo*, o estudo jurídico alcança outros escalões, apoiado no racionalismo que evidenciava um pensamento lógico ou dedutivo, não mais restrito ao entendimento literal das codificações. Em uma prosperidade cartesiana – analítica e dedutiva – Pufendorf desenvolve uma "sistemática jurídica", conjugando a observação empírica com a dedução racional, norteando-se pela *vontade divina*, responsável pela fixação dos princípios da razão humana.

Contemporaneamente, aparece o termo *sistema,* disseminado especialmente por Christian Wolff, pregado como nexo de verdade e pressupondo conexão e perfeição formal de dedução. A concepção de sistema como organismo, mecanismo e ordenação foi alcançada com marcante auxílio do jusnaturalismo moderno, por sua concentração racional.

A sistematização lógico-dedutiva perde sua força na escola histórica iniciada por Gustav Hugo e lapidada por Savigny, que aparentemente renega a racionalidade lógico-dedutiva, mas não renegando o sistema, e acolhe uma postura contingencial em sua nova estruturação. A interpretação da lei, em Savigny, tem uma constituição tríplice: **lógica, gramatical** e **histórica**. A parte lógica consiste na apresentação do conteúdo da lei, sua origem teleológica, pela qual o pensamento é expressado, o que se completa com a gramática. Mas, para completar-se a interpretação, a parte histórica forneceria as condições de um determinado povo, em um determinado momento. Savigny acaba concluindo que este aspecto é o que define a ciência, pois somente será possível captar o pensamento da lei no momento em que ela existe.[9] A lei poderá ser substituída pela convicção jurídica do povo, o que elevaria a sensação e a intuição ao patamar de formadoras das regras jurídicas que, por um processo de abstração que parte das relações sociais, seriam colhidos os institutos do Direito. Ainda assim, as idéias de sistema e unidade são preservadas.[10]

Seguindo-se um momento positivista no meio científico, em que o pensamento de ciência somente poderia ser concebido às induções experimentais, os juristas lutam para ter o seu saber reconhecido como válido, e alguns enveredam ao laboratorial eufórico da sociologia. Neste apocalíptico contexto, aparece Hans Kelsen e sua Teoria Pura do Direito (*Reine Rechtslehre*), buscando recolocar a *jurisprudência* em sua posição única e salvaguardar o mister jurídico. Porém, no afã de consolidar sua ciência e dela eliminar todos os elementos que lhe eram estranhos, subtrai todas as considerações valorativas – aí incluindo-se a ética – quando em favor da adequação lógica causa o detrimento da axiológica. Os "fatores estranhos" compreenderiam os fatos sociais, desconsiderados como objetos do cientista, e até mesmo a justiça, campo dos filósofos, limitando-se apenas ao estudo da norma posta. Segundo Kelsen, para uma conceituação científica, é necessário o desprendimento de qualquer julgamento valorativo, moral ou político.[11]

A partir da metade do século XX, o pós-guerra denunciou as insuficiências de uma ciência que se preocupasse apenas com o caráter formal e estrutural e se distanciasse dos fatos concretos e conseqüentes conflitos que deles surgissem. Dentre outros pensadores, são marcantes os pensamentos de expressivos intelectuais como Erik Wolf, que entendia ser tarefa da Ciência do Direito mais do que o mero conhecimento das leis e teorias sobre sua aplicação, todo o conjunto do ordenamento de uma sociedade, e Theodor Viehweg e Karl Larenz,

---

9 SAVIGNY, Fréderic Karl von, *Metodologia jurídica*, p.13.
10 LARENZ, Karl. *Metodologia da ciência do direito*, p.13.
11 KELSEN, Hans. *Teoria Geral do Direito e do Estado*, p.8.

que retomam a importância do fato social e do ser humano no desenvolvimento da pesquisa do jurista. A aplicabilidade e funcionabilidade do Direito são repassadas ao longo do último século dentro da filosofia e da ciência jurídica. Redescobre-se a importância do conteúdo, além da forma, como elemento essencial do Direito.

6.4 A METODOLOGIA

Na busca da verdade, o processo mais comum utilizado é o raciocínio. E uma das formas de se atingir o conhecimento é por meio de deduções, aproximando-se da verdade por meio de impulsos da inteligência. É a chamada forma *discursiva* de conhecer, pela qual partindo de uma idéia concluímos pela validade de outra.[12] Nisto se resume o método, conceituado nas palavras de João Mendes como a "ordem que deve ser observada na série de nossas operações para dispor os meios de chegar a um fim preestabelecido".[13]

Como bem esclarece Larenz, "cada ciência lança mão de determinados métodos, modos de proceder, no sentido da obtenção de respostas às questões por ela suscitadas".[14] Na opinião de Larenz, as doutrinas de Savigny e de Ihering foram as que mais colaboraram para o desenvolvimento das metodologias científicas utilizadas pelos juristas.

Assim, é certo que a Ciência do Direito somente poderá solucionar os problemas que lhe são postos se eleger um caminho, um viés que possibilite ao investigador pensar conclusões substanciais acerca do objeto de sua investigação. E se disto depende seu sucesso, o aspec-

[12] MENDONÇA, Jacy de Souza. *O curso de Filosofia do Direito do Professor Armando Câmara*, p. 131.

[13] MENDES, João *Apud* FERRAZ, Esther de Figueiredo. *A orientação filosófica de João Mendes Junior*. In: REALE, Miguel. *Ensaios de Filosofia do direito* (col. direito e cultura), p. 36.

[14] LARENZ, Karl. Op. cit., p. 1.

to metodológico, responsável pelos meios necessários e aceitos para a aproximação das verdades, assume um plano de merecido destaque.[15]

Ressalte-se que esta eleição metodológica não se pode alcançar arbitrariamente, pois tratando-se a pesquisa do jurista de uma busca científica, método e objeto devem ser responsável e conscientemente "descobertos" por aqueles que fazem de sua atividade, a busca da verdade.

No interesse do nosso enfoque, foi Nicolai Hartmann quem, evidentemente calcado nos ensinamentos aristotélicos, observou que o pensamento poderia seguir por dois grandes caminhos: um *problemático* e outro *sistemático.*[16] No primeiro, a importância é conferida ao problema; parte-se dele. No segundo, aplica-se a solução dada, encaixando-se a correta ao problema. E neste diapasão encontra-se o debate em torno do *método sistemático* e do *método tópico* dentro da Ciência do Direito.

Por enquanto, deve-se aceitar a terminologia de método tanto ao pensamento tópico como ao sistemático, pois tal discussão será retomada mais adiante.

6.5 O SISTEMA: ENFOQUE SISTEMÁTICO

Demonstram-se indispensáveis algumas considerações sobre o significado assumido pelos termos *ordenamento* e *sistema*, utilizados pelos cientistas que, como se sabe, não são termos equivalentes. Uma clara percepção desta diferença terminológica nos é introduzida por Judith Martins-Costa, que conceitua o ordenamento como o conjunto das normas que regulam a vida jurídica em certo espaço territorial, e o sistema como as ligações nem sempre existentes, entre as normas. O or-

---

15 DINIZ, Maria Helena. *A ciência jurídica*, p.7.

16 RUSSO, Eduardo Angel. *Teoria general del derecho en la modernidad y en la posmodernidad*, p.14.

denamento é assim uma espécie de "ecossistema", que pode abranger uma ampla variedade de sistemas e subsistemas normativos.[17]

Para Kant, o sistema é a unidade sob uma idéia de conhecimentos diversos, ou a ordenação de várias realidades em função de pontos de vista unitários.

Em seu estudo acerca do pensamento sistemático, Canaris destaca o significado de sistema para a Ciência do Direito, como um dos temas mais discutidos da metodologia jurídica.[18]

Nota-se, portanto, que a gênese do Direito não é em absoluto a sistemática. O Direito não nasce sistema jurídico, mas uma realidade que pode ser estudada de modo sistemático. Considerado assim, muitos autores atribuem ao jurista a tarefa de apresentá-lo de forma sistemática, para facilitar seu conhecimento, bem como seu manejo por parte dos que estão submetidos a ele, tanto aplicadores como receptores.[19]

Da acepção de sistema como modelo de organização de certo ordenamento uma importante conseqüência derivará, qual seja a concernente ao método de raciocínio. Nos direitos que encerram um sistema, o pensamento opera por meio de deduções lógicas, podendo deduzir todas as proposições a partir de certas noções ou princípios fundamentais. Já nos conjuntos normativos que operam a partir do caso, o método de raciocínio será o tópico, raciocínio que parte do caso particular, buscando as premissas que poderão, eventualmente, ser válidas para a solução do caso particularmente considerado. Seria, pois, indevido chamar de sistema os direitos que operam com base no raciocínio tópico, pois ele é assistemático ou não-sistemático,[20] como logo será tratado.

---

[17] MARTINS-COSTA, Judith. *Boa-fé no direito privado*: sistema e tópica no processo obrigacional, p.43.

[18] "Enquanto por exemplo Sauer exclama com ênfase: 'apenas o sistema garante conhecimento, garante cultura, verdadeiro saber' e Wolff diz: 'a Ciência do Direito ou é sistemática ou não existe', Emge opina, com discrição cética: 'um sistema é sempre um empreendimento da razão com um conteúdo exagerado". CANARIS, Claus-Wilhelm. *Pensamento sistemático e conceito de sistema na ciência do direito*, p.5.

[19] DINIZ, Maria Helena. *As lacunas do direito*, p.26.

[20] MARTINS-COSTA, Judith. Op. cit., p.44.

Compulsando obras célebres e de precedência milenar somos capazes de identificar alguns pensamentos, já em Platão e Aristóteles que de uma forma ou de outra apontam a existência da sistemática. Porém como aponta Russo, foi com a "Teoria Geral dos Sistemas" que se deu um importante avanço epistemológico nas últimas décadas. Junto à semiótica e à lógica, constituem considerações indispensáveis ao pensamento sistemático.[21]

Sua grande contribuição concentra-se na evidência dos metasistemas, assim como a semiótica descobriu a importância das metalinguagens, o que se repetiu com a lógica. Sistemas que falam de sistemas, linguagens que falam de linguagens e lógicas que falam de lógicas sintetizam a moderna epistemologia.[22] A nomeada "Teoria Geral dos Sistemas" tem o seu nascimento atribuído a Wolfgang Kohler, com sua Teoria da Forma (*Gestalt*), quando em análise no campo da física passou a afirmar que quando "se obtém uma força resultante de todas as forças variáveis intervenientes em cada ponto e em cada instante, todas as forças resultantes juntas formam uma estrutura de forças. Em cada ponto as forças produzirão mudanças de movimento ou de processo que, quando se consideram em sua totalidade, garantem ao sistema o equilíbrio das próprias forças".[23] Depreende-se que, desses fenômenos observados, em que a estrutura se realiza na resultante organizada de vários componentes, o sentido somente pode ser tomado pelo todo. Nesse contexto percebemos duas características marcantes nas definições de sistema: a **ordenação** e a **unidade**.

A noção moderna de ciência, em seu campo lógico, deve obedecer a dois mandamentos:

- suas proposições devem ser coerentes, de forma que os enunciados não possam ser afirmados e negados ao mesmo tempo, sob pena de se tornarem inconsistentes;

---

[21] RUSSO, Eduardo Angel. Op. cit., p.209.
[22] Idem, p.210.
[23] Idem, p.214.

- as proposições devem ser dispostas possuindo uma ordem de dedutibilidade, ou seja, dedutíveis umas das outras.

Isso significa que, em um processo lógico, parte-se de uma proposição hierarquicamente superior e encontra-se uma inferior, e vice-versa. Isso decorre diretamente do poder de abstração das proposições superiores, de maior abrangência, em direção às inferiores, de limite mais particular.[24]

Para Russo todo sistema é uma organização e, como tal, cada sistema requer regras distintas, mas idênticas com respeito a seus elementos internos. Após a organização sistemática, os componentes do conjunto já não são os mesmos, pois adquirem novo significado, dispostos pelas regras. Mudam-se as regras, muda-se o sistema.[25]

Daí a necessidade da noção de sistema implicar igualmente a noção de unidade – e não somente a organização, a interação entre os vários elementos do conjunto – porque este possui uma certa *identidade interna* que confere à soma dos elementos uma diferenciação própria, oposta ao que está fora do conjunto, rodeando o sistema constituído.[26]

Ainda no tocante a unidade, Larenz aprecia o aspecto estrutural que um sistema pode adotar, pois a "idéia de sistema significa o desdobramento de uma unidade numa diversidade, que desse modo se reconhece como algo coeso do ponto de vista do sentido". Tal idéia pode ser vista de duas formas: uma **unidade orgânica**, a exemplo do pensamento de Hegel e Schelling, que se alcança por meio de uma intuição interna e onde os elementos constitutivos circundam um ponto **central** fundado em si próprio; ou alcançado de um conceito geral-abstrato, em **elevação** máxima, do qual se conduz uma lógica formal para a obtenção dos demais componentes.[27]

---

24 Idem, p.181.
25 Idem, p.214.
26 MARTINS-COSTA, Judith. Op. cit., p.41.
27 LARENZ, Karl. Op. cit., p.22.

No primeiro caso, ou seja, enquanto prevalência centralizadora, a representação gráfica assume o formato de um círculo, cujo epicentro confere a unidade. Já no segundo caso, o modelo assemelha-se a uma pirâmide, que no vértice superior encontra seu conceito supremo e único. Este último foi o aclamado pela grande maioria dos autores, convencidos de sua maior excelência funcional, excetuando-se apenas alguns poucos pensamentos, como o de Niklas Luhmann e sua teoria dos sistemas auto-referenciais, que assume exatamente uma geometria circular. Ao modelo piramidal fez insigne apologia Hans Kelsen, iniciado com sua Teoria Pura do Direito, e sua "ficção", autodeterminada Norma Fundamental Pressuposta (*Grundsnorm*).

Mas com os significativos avanços obtidos principalmente no século passado, ficou clara a insuficiência da equiparação da noção de sistema à restrita dedução lógico-formal.

Segundo Larenz, um dos primeiros a confrontar-se criticamente com a idéia de sistema foi Engisch. Em seu trabalho, procura demonstrar a inviabilidade de uma ciência do direito calcada em um sistema rigorosamente axiomático, pois demandaria um fechamento de conceitos ou axiomas compatíveis e dedutíveis entre si, o que denunciou inviável, especialmente pela natureza absolutamente formal que tais axiomas deveriam assumir de tal sorte que se prestassem a alcançar todos os casos.[28]

O sistema jurídico, com o aperfeiçoamento dos estudos científicos, cada vez mais afirma seu caráter aberto, o que viabiliza sua modificação e evolução. Eros Grau atribui esta abertura à incompletude do ordenamento jurídico e da provisoriedade do conhecimento científico. O sistema jurídico, por ser suscetível de aperfeiçoamento e um produto histórico-cultural, está em contínua evolução e mantém sua dinâmica.[29]

---

[28] Idem, p. 230.

[29] GRAU, Eros Roberto. *O direito posto e o direito pressuposto*, p. 19.

6.5.1 Princípios

A própria natureza do direito evidencia uma gênese valorativa, porquanto o ápice do conceito repousa sobre a justiça. Por conseqüência, ao se falar em **sistema jurídico** obrigatoriamente se fala em **sistema valorativo.** É tarefa do cientista pensar todas as conseqüências até o fim, transpor para casos comparáveis os valores legislados, solucionando contradições com outros valores, existentes ou que venham a existir.

E os princípios, assim considerados em relação ao ordenamento, podem ser identificados como a leitura dos valores, naturais ou positivos, hierarquizados conforme o interesse comum em determinado local e determinada época. São os chamados princípios gerais que dão unidade ao ordenamento. Os princípios explicitam a valoração do direito, são como que uma transcrição dos valores, em grau maior de concretude.[30]

Porém é comum encontrarem-se diversas acepções ao termo *princípio*, sempre em significados diversos, todos, porém, muito próximos entre si. Estes podem ser identificados pelo menos de forma tríade: o científico, o jurisprudencial e o legislativo.

Encontram-se ainda outros significados como o mais coloquial, utilizando-se princípio como sinônimo de início. Também como sinônimo de valor fundamental, elemento essencial, abstração, generalização, dentre outros. Os juristas utilizam a expressão "princípio" em diversos contextos: como elemento de uma disciplina específica, como valor, como instrumento, mas sobretudo como regra abstrata aplicável a fatos específicos.[31] Assim, no uso doutrinário, a expressão "princípios de um ordenamento" é entendida como os "caracteres essenciais do ordenamento, o seu modo de ser e de aparecer, a sua fisionomia e o seu ânimo, ou seja, o seu espírito".[32]

---

[30] CANARIS, Claus-Wilhelm. *Pensamento sistemático e conceito de sistema na ciência do direito*, p.86.

[31] ALPA, Guido. *I principi generali*, p.6.

[32] Idem, p.8.

Conforme acentua Falzea, a finalidade da pesquisa científica é a de reconstrução e apresentação do ordenamento jurídico como síntese unitária dos conjuntos normativos que a compõe, e como um tecido contínuo dos valores jurídicos, em ação de estreita coordenação. Isso se dá graças ao emprego dos princípios gerais que se prestam a ordenar e delimitar cada setor do direito positivo ao mesmo tempo que os coordena com o sistema real, este também entendido como o sistema cultural no qual a sociedade encontra-se e que vincula e disciplina as ações individuais.[33]

Portanto, observa-se que se faz obrigatória a vinculação dos termos *princípio* e *sistema* e, como nota Maria Helena Diniz, "sem os princípios não há ordenamento jurídico sistematizável nem suscetível de valoração. A ordem jurídica reduzir-se-ia a um amontoado de centenas de normas positivas, desordenadas e axiologicamente indeterminadas, pois são os princípios gerais que, em regra, rompem a inamovibilidade do sistema, restaurando a dinamicidade que lhe é própria".[34]

Contudo, é importante ressaltar uma distinção nem sempre abordada pelos que tratam o tema. Ao se falar dos valores identificáveis, impende-se clarificar que princípios não são **axiomas**, pois estes exigem uma realização sem exceções (sempre que-então), e principalmente sem contradições, e a partir destes todos os "teoremas" devem ser deduzidos, com a exclusiva lógica formal.[35] Esta é, exatamente, uma das mais fortes críticas aos pensamentos estritamente formais de metodologias da Ciência do Direito, *v.g.*, o modelo kelseniano, que restringe e inviabiliza as conclusões necessárias do cientista. Ao contrário, os princípios não são absolutos e exclusivos e ostentam uma combinação de complementação e restrição recíproca.[36]

---

[33] FALZEA, Angelo. *Ricerche di teoria generale del diritto e di dogmatica giuridica*, p.254.

[34] DINIZ, Maria Helena. *As lacunas do direito*, p.214.

[35] CANARIS, Claus-Wilhelm. Op. cit., p.100.

[36] Idem, p.88.

6.5.2 Princípios: dentro ou fora do ordenamento?

Quando se fala de princípios é inevitável a abordagem de sua origem, a fim de que se possa conceituá-los. Este é um aspecto fundamental de qualquer consideração que se faça nesta matéria.

Destarte, pergunta-se: estariam eles situados e identificados no interior dos ordenamentos ou ao revés, são fontes prévias para a formação daqueles? As posições se dividem, e os fundamentos são perspicazes em ambas as direções.

Maria Helena Diniz reproduz a respeitada opinião de Clóvis Bevilacqua que, apesar de um positivismo jurídico de ordem sociologista, coloca os princípios gerais de direito não no direito nacional vigente, mas como elementos fundamentais da cultura jurídica humana do momento, das idéias sobre as quais se assenta a concepção jurídica dominante, das induções e generalizações da Ciência do Direito e da jusfilosofia, atribuindo-lhes, portanto, caráter universal, ligando-os ao sentimento de justiça.[37] Também no regime universal é o ensinamento de Emilio Betti, que propõe o princípio como "o começo de uma normatização ou de todas as normas e critérios em um país em um momento histórico e, por ser assim, estão *sobre* e *fora* do ordenamento".[38]

Mas como já destacado, as doutrinas divergem e encontramos, com a mesma freqüência, outras posturas. Para Eros Grau, os princípios gerais de direito não são resgatados fora do ordenamento jurídico, porém descobertos no seu interior.[39]

Não é diferente o posicionamento de Vittorio Italia que, em sua excepcional obra sobre os princípios, identifica-os na lei, como as regras jurídicas importantes que têm um relevo de caráter geral e con-

---

37 DINIZ, Maria Helena. *As lacunas do direito*, p.221.

38 *Apud* ALPA, Guido. Op. cit., p.7.

39 GRAU, Eros Roberto. Op. cit., p.46.

dicionam outras regras.[40] Para este autor, o princípio jurídico é na verdade uma regra da qual depende outra regra.[41]

É igualmente nesta obra que se encontra um dos tratamentos mais cautelosos acerca dos princípios. Com muita procedência, Italia destaca a necessidade de atribuir ao princípio seu lugar de merecimento, contraditando a vulgarização do termo que, sem um enquadramento conceitual responsável, vale a embasar opiniões arbitrárias em todas as direções. O princípio dever ser considerado como uma premissa maior, uma premissa geral, da qual se fazem descender os corolários particulares, e uma premissa geral para o qual se pode dirigir para encontrar a solução de controvérsia.[42]

À época das codificações, o termo era freqüentemente empregado tanto em favor de uma interpretação quanto em seu detrimento. Os princípios gerais já constituíram, por muitas vezes, um instrumento incerto, elástico, arbitrário. Sempre possuindo um patamar crescente de maior generalidade e abstração, foram paulatinamente deformados. E, especialmente, no momento em que eram aplicados, sofriam certa individualização por parte do intérprete, e aquilo que deveria ser um instrumento preciso e rigoroso, transmudou-se em um instrumento impreciso, arbitrário, perigoso e fundamentalmente inidôneo a perseguir um dos objetivos do Direito, qual seja, o da certeza.[43]

Essa arbitrariedade levou os teóricos a uma tentativa de solidificar a identificação dos princípios e a preencher o conteúdo do termo, de forma a promover uma maior segurança jurídica.

Nessa esteira, Vittorio Italia retoma a gênese do princípio e o considera como a regra jurídica mais relevante, o módulo necessário em um sistema pluralístico. O que chama de *regra princípio* é o condicionador de outras leis e regras. "Tal sistema de princípios é aque-

---

[40] ITALIA, Vittorio. *Principi generali e principi determinati dalla legge*, p.3.
[41] Idem, p. 12.
[42] Idem, p.13.
[43] Idem, p.30.

le que consente de ter unido o ordenamento e permite de salvaguardar a unidade a respeito de específica diversidade."[44]

Adepto da corrente que abstrai os princípios dos valores inclusos no ordenamento, Italia observa um predicado, uma categoria importante e que julga necessária ao Direito, e que aqui se pode dizer aos ordenamentos positivados pelos métodos legislativos, quando disserta sobre os **princípios determinados pelo legislador**.

O princípio determinado pelo legislador é uma disposição normativa que exprime um juízo de valor e cujo conteúdo se reflete nas disposições normativas que dele dependem, e ainda constituem parâmetro para a interpretação destas disposições. Todos estes elementos são estritamente coligados entre si. Mas o elemento primeiro, verdadeiramente característico do princípio determinado pelo legislador, é aquele pelo qual esse é uma disposição normativa que incide naquele através da função que desenvolve. Disso decorre o pensamento de que o princípio determinado pelo legislador não pode ser assumindo por este como denominador comum, mas, sim, entendido como um elemento essencial, basilar.

Portanto, seria incompleto definir estes princípios como regras gerais porquanto distintamente previstos, ou porquanto o princípio pode comportar uma série indefinida de aplicações, mesmo porque os princípios determinados pelo legislador não exprimem somente uma generalidade de fatos específicos e podem ser também disposições normativas específicas, sem caráter abstrato e conteúdo indeterminado. É, no mínimo, duvidoso supor-se que os conceitos fundamentais são algo distinto dos conceitos das coisas individuais, e como afirma Mayer, são expressões sintéticas do particular: todo conceito é uma síntese e o conceito fundamental é a síntese mais fundamental.[45] O princípio determinado pelo legislador e as regras gerais, embora distintos, podem ainda ter também os pontos de con-

---

[44] Idem, p.34.

[45] MAYER, Max Ernst. *Filosofía del derecho*, p.21.

tato, mas se colocam sobre plano diverso. O princípio determinado pelo legislador é o protótipo das outras disposições legais e põe uma diretiva normativa, um endereço.[46]

Assim, Italia entende que a legislação de princípios apresenta-se como um instrumento necessário dos que operam com o Direito na atualidade, e deve ser encarado como uma nova preocupação da função legislativa no mundo moderno. Os princípios determinados pelo legislador não podem ser postos sobre o plano dos tradicionais princípios gerais, como entendidos em outras épocas, vagos e misteriosos, para não dizer mitos, e não consentem naquele recurso indiscriminado ao espírito da lei, a finalidade do direito, que dava margens a soluções ou teses doutrinárias e jurisprudenciais que não encontram conforto nas prescrições legais. Sobre este perfil, princípio determinado pelo legislador representa um instrumento mais rigoroso que os precedentes princípios, representando o ponto de acordo, entre política e direito que é tornado explícito. Concordam em resolver o problema do pluralismo das fontes e, enfim, representam o instrumento que melhor pode salvaguardar a certeza do direito.[47]

E não somente este autor evidencia a importância de se considerar um ordenamento específico como o berço dos princípios. Encontra-se no discurso de Angelo Falzea a alusão à "enucleação" dos princípios que sustentam o ordenamento jurídico, colocados em uma escala hierárquica edificada em diversos postos, em paridade aos valores jurídicos que, na verdade, são o seu fundamento, e ainda em seu conteúdo a diversidade e abrangência necessárias para garantir sua operatividade, enquanto descendência do nível de generalidade que qualquer um deles deva alcançar. Sob esses princípios estrutura-se e unifica-se o inteiro material normativo do ordenamento jurídico. A análise do Direito, para que o ordenamento jurídico possa cumprir eficazmente a sua tarefa social e cultural, deve seguir um

---

[46] ITALIA, Vittorio. Op. cit., p.82 e segs.

[47] Idem, p. 197.

roteiro sempre global, porém concluindo em síntese pelas disposições. Esta é, por sua natureza, a atividade científica, especialmente do cientista jurídico, e o seu produto é o **sistema jurídico.**[48]

Embora as tendências modernas rumem a uma exclusividade de percepção dos princípios a partir do ordenamento jurídico, e a rigor, do ordenamento posto (positivado), não se pode deixar de ter em mente que o Direito é elaborado em função da sociedade, e deve obrigatoriamente retratar os anseios e proteger os interesses, e por que não dizer valores, do grupo social a que se presta. Desta forma, em um processo hegeliano, o surgimento parte da sociedade, refletindo no ordenamento e retornando a esta na síntese de suas conformidades em direção ao bem comum. Tais princípios, considerados "sustentadores" por Larenz, são pautas gerais de valoração, mas que não chegam a se solidificar em regras jurídicas imediatamente aplicáveis, que possuem a faculdade da mera subsunção do fato ao tipo, mas que atuam como justificadores destas.[49]

O constante aumento da positivação principiológica nos ordenamentos jurídicos, especialmente nos textos constitucionais, é de visível constatação, e atende aos instintos de maior segurança necessária ao Direito, porquanto este deve representar os ideais de justiça, que somente serão atendidos se mantidos de forma a serem acatados pela sociedade. Porém, antes de positivados são identificados no grupo social, e dispostos em conformidade com a escala valorativa deste mesmo grupo, o que não deve ser preterido pelo legislador. Particularmente, entendemos que os princípios são leituras valorativas, colhidas na sociedade com vistas ao bem comum, e que existem antes mesmo da positivação do Direito. Sujeitar sua existência ao direito posto é desfigurar sua gênese e função em benefício da segurança jurídica. Mesmo assim, nada impede que certos princípios, de verificada concretude, sejam positivados e passem a integrar os textos normativos.

---

[48] FALZEA, Angelo. Op. cit., p.250.
[49] LARENZ, Karl. Op. cit., p.316.

É o que se poderia predicar de princípios positivos, os chamados princípios gerais de direito. Maria Helena Diniz, ao abordar o tema, apresenta alguns dos brocardos que considera dentro desta categoria, como a moralidade, a função social da propriedade, "ninguém pode transferir mais direitos do que tem", "a boa-fé se presume", "ninguém pode invocar a própria malícia", a proibição de locupletamento ilícito, "quem exercita o próprio direito não prejudica ninguém", *pacta sunt servanda*, entre outros.[50] Porém, antes de aceitar-se pacificamente alguns de seus exemplos, devemos abordar outro enfoque, o tópico, para que após as considerações sobre sua definição e aplicação, não se permita equivaler princípios a *topoi*, em detrimento do estudo científico.

6.6 A TÓPICA: ENFOQUE TÓPICO

Atribui-se a Theodor Viehweg a retomada da tópica e essencialmente a sua inclusão na Ciência do Direito, especialmente como oposição ao método sistemático dedutivo que apenas se adapta ao caráter formal do Direito. Viehweg, através de seu escrito sobre Tópica e Ciência do Direito (*Topik und Jurisprudenz*) renovou a discussão metodológica e encontrou, pela sua crítica ao sistema, quer consentimento, quer firme recusa.[51] Considera-se, desde então, esta como a obra mais importante do segmento e coluna dorsal do enfoque tópico.

Para Viehweg, o trabalho prático com o Direito tem uma natureza tópica, pois a busca da solução para um problema prático é determinante e tal solução não é aportada de modo inequívoco por nenhum gênero de sistema. Por mais que os ordenamentos jurídicos tratem de ordenar-se sistematicamente, seus conteúdos não serão

50 DINIZ, *As lacunas do direito*, p.225.
51 CANARIS, Claus-Wilhelm. Op. cit., p.5.

produto originariamente da necessidade lógica, senão da opção entre premissas possíveis.[52]

Somando-se a Viehweg, outro autor – Edward H. Levi – em 1951 publicou sua obra intitulada *An introduction to legal reasonig*, que grande influência exerceu no âmbito da *common law*. Para este autor, o processo do raciocínio jurídico ocorre por exemplos, do caso particular ao caso particular, e somente assim pode alcançar seus objetivos.[53] No sistema anglo-norteamericano, que se desenvolve dos casos específicos ocorridos, o julgamento não se funda essencialmente em leis expressas e codificadas, e os conceitos são muitas vezes extraídos dos casos particulares, situações individuais, o que movimenta o sistema do particular ao geral, e não da aplicação compulsória dos preceitos ao caso.[54]

Contemporâneos a Viehweg encontram-se ainda Recaséns Siches (1956) e Joseph Esser (1961) que no campo da argumentação elaboraram trabalhos semelhantes ao jurista alemão.

O nome *tópica* foi cunhado por Aristóteles, em seu *Organon*. Unindo-se a Sócrates e Platão, trata do pensamento filosófico, que chamou *apodítico*, e da técnica sofista, chamada *dialética*. O primeiro se situa no campo da verdade, e o segundo, no meramente oponível (*endoxon*).[55]

Assim, pretende aplicar a sua ciência lógica à tópica, para configurar um método que, tomando as proposições conforme opiniões (*ex endoxon*), não se permitam contradições, e colocado um problema qualquer, raciocinando-se a partir de opiniões adequadas, posicione-se corretamente a favor ou contra. Aristóteles afirma então que à tópica competem os raciocínios descendentes de premissas aceitas por todos, ou seja, aceitas como verdadeiras.[56]

---

[52] VIEHWEG, Theodor. *Tópica e jurisprudência*, p.80.

[53] ATIENZA, Manuel. *As razões do direito*: teoria e argumentação jurídica, p. 61.

[54] BODENHEIMER, Edgar. *Ciência do direito, filosofia e metodologia jurídicas*, p. 373-4.

[55] VIEHWEG, Theodor. Op. cit., p.24.

[56] Idem, p.25.

Em seu *Organon*, em aberta crítica e desaprovação aos retóricos e sofistas e seus argumentos dialéticos, descreve o que chamou de *techne*, e analisa dissecadamente seus componentes e sua utilização. Aqui se impende um aparte para o esclarecimento do termo *techne*, que em grego tem um significado amplo, e significa toda profissão prática que se arrima em conhecimentos especiais e seguros, somados a regras gerais, e não somente uma simples rotina.[57]

A tópica aristotélica, portanto, é uma técnica (*techne*) que parte de uma classificação das opiniões comuns, sensos comuns, ordenados em categorias. Estes lugares comuns são chamados *topoi*.

Mas é Cícero quem se aproveita dessas construções e as reverte à *praxis* da argumentação, inicialmente a pedido de um amigo jurista, Trebatius, que não compreendendo o rebuscado linguajar de Aristóteles pede a Cícero que o transforme em compreensível. Embora sua tópica seja inferior à tópica aristotélica, sua repercussão foi enorme, mesmo abordada em diferente perspectiva. Enquanto Aristóteles tratava do apodítico e do dialético, Cícero trata da invenção (*ars inveniendi*) e da formação do juízo. Afirma que a todas as espécies de polêmicas poderão ser utilizados *topoi*, e destaca a elaboração de um quadro, contendo inquirições possíveis, que possibilite a associação das provas cabíveis.[58] Para Cícero, a tópica seria a arte (*ars inveniendi*) de se encontrar os *topoi*, e a formação de juízo, suas aplicações para as conclusões.[59]

A tópica aparece a Viehweg pelas linhas de Vico, em uma obra sua nomeada *De nostre temporis studiorum ratione*, editada em 1708.[60] Nela, Vico critica a metodologia das ciências naturais de sua época, adeptas do cartesianismo, que a partir de uma premissa (*primum verum*) atingiam longas cadeias dedutíveis. Tal método sistemático so-

---

57 JAEGER, Werner. *Paidéia*: los ideales de la cultura griega, p.515.
58 VIEHWEG, Theodor. Op. cit., p.30.
59 ATIENZA, Manuel. Op. cit., p.65.
60 VIEHWEG, Theodor. Op. cit., p.19.

mente se manteria válido enquanto o *primum verum* realmente fosse *verum*, o que demonstrava a fragilidade da base de apoio da metodologia[61]. E acreditava na necessidade da utilização do método tópico, que chamou de antigo, em que o sentido comum seria o tronco do pensamento. Referia-se então a uma das matérias da retórica, de relevância na Antigüidade e repassada até a prevalência do racionalismo.

Em linhas gerais, a tópica consiste em uma técnica orientada ao problema, um caminho problemático de pensamento que parte dele e em direção a ele. Visa-se com isto evitar as aporias, e sempre encontrar uma solução ao caso concreto. Como acima citado, opera-se no viés alternativo referido por Hartmann, em oposição ao pensamento sistemático em que prevalece a solução dada, e adota-se o pensamento problemático.

Viehweg explica que o raciocínio tópico "quando se depara, onde quer que seja, com um problema, pode-se naturalmente proceder de um modo simples, tomando-se, através de tentativas, pontos de vista mais ou menos casuais, escolhidos arbitrariamente. Buscam-se, desse modo, premissas que sejam objetivamente adequadas e fecundas e que nos possam levar a conseqüências que nos iluminem".[62]

Logo, o problema em si, seu surgimento, é o condutor deste tipo de pensamento, e Judith Martins-Costa retrata muito bem os pontos principais do que o propagador da tópica considera como "problema", observando dois aspectos nucleares: a existência de **distintas alternativas** e, por conseguinte de **distintas respostas**; e diante desta diversidade, a dependência de uma resposta, o que implica a eleição entre as alternativas em vista à decisão.[63]

A partir destas exordiais na condução da discussão, estes pontos de vista (*topoi*) emergem do problema apresentado, de acordo com a aceitação ou rejeição do interlocutor. O que é aceito pelo adversário põe fim

[61] MARTINS-COSTA, Judith. Op. cit., p.356.
[62] VIEHWEG, Theodor. Op. cit., p.36.
[63] MARTINS-COSTA, Judith. Op. cit., p.366 e segs.

a uma certa fase da discussão, sendo aceito como premissa, e parte-se então à fase seguinte do diálogo, sempre em direção à decisão ou solução do problema. Note-se que não há a exigência de se fundamentar a premissa alcançada, mas apenas de legitimá-la como adequada e aceita.

O que Viehweg, antes de tudo, quer destacar é a prioridade da invenção ou o descobrimento dos argumentos ou premissas da argumentação jurídica frente ao ato mecânico ou puramente formal da conclusão ou dedução de uma decisão a partir dessas premissas previamente estabelecidas. E a tópica seria *ars inveniendi*, a técnica de pensamento que ensina a descobrir esses argumentos que são úteis na justificação de decisões por gozar de consenso no conjunto social ou na comunidade jurídica.

É a idéia de que é no contexto de cada situação que por meio do intercâmbio de razões se colocam as bases para que a decisão seja socialmente aceitável, se bem que essa aceitabilidade provirá meramente do **consenso** que fornecem respaldo aos *topoi* presentes e ainda do procedimento de seu manejo.

Como teoria combativa ao método sistemático axiológico-dedutivo calcado em princípios, utiliza-se o rol dos *topoi* para que se pense o Direito partindo-se do problema, do caso concreto apresentado, e se encontre a solução. Atuando-se desta forma, alguns pretendem converter a tópica à metodologia do Direito, metodologia aplicada à Ciência do Direito, negando-se a obrigatoriedade do pensamento sistemático. Antes de expressar manifestações a esta corrente, a nós compete dissertar acerca dos *topoi*, peças fundamentais do pensamento tópico.

6.6.1 *Topoi*

Mesmo não possuindo a vastidão de entendimentos e desentendimentos que, ao contrário, proporcionam os princípios, atemo-nos, a seguir, ao conceito da natureza do *tópos*, utilizado no pensamento tópico.

O que Aristóteles chamou *topoi* podemos definir como opiniões comuns, argumentos aceitos por uma maioria, e com força de persuasão, que com seu poder de convencimento são capazes de angariar o opositor do diálogo. Tais argumentos ou "fórmulas" não obedecem a rigores técnicos ou hierárquicos, e sempre mantêm seu caráter variável, de acordo com o lugar e o momento em que são empregados. A partir de sua definição, ou como enunciado por Cícero, de sua invenção, são empregados segundo a necessidade da retórica.

Sinteticamente, Maria Helena Diniz os define como "pontos de vista que são muito indeterminados e não gerais, mas que, no decorrer dos tempos, têm sido reconhecidos".[64]

Tercio Ferraz, no prefácio à tradução da obra de Viehweg, com peculiar clareza nos explica que os *topoi* são postulados com caráter problemático, na medida em que jamais perdem sua qualidade de tentativa, mantendo figuras doutrinárias abertas, sem rigor lógico e que assumem sua significação em função do problema a resolver, como fórmulas de procura da solução do conflito.[65]

O que Viehweg percebeu foi a importância e relevância pragmática do discurso jurídico quando se busca justificar pontos de vista que tenham por escopo a solução de um problema. O que propõe com sua tópica é um conjunto de regras e deveres processuais que orientem o discurso e que possibilitem o encontro de premissas cuja validade dependa exclusivamente de sua aceitação por parte dos intervenientes do discurso comunicativo. O fundamento da validade das premissas alcançadas é o seu reconhecimento e não o resultado de uma decisão ou escolha arbitrária de premissas derivadas de uma experiência legislativa ou de uma evidência objetiva (método dedutivo). Esta relevância do discurso ou da argumentação jurídica é uma linha perseguida pelos pensamentos de Perelman, Alexy, Habermas e

---

64 DINIZ, Maria Helena. *As lacunas do direito*, p.121.

65 VIEHWEG, Theodor. Op. cit., p.3.

Atienza, dentre outros. Desse econômico elenco, destaca-se Perelman que, compartilhando da idéia de Viehweg, confere uma poderosa relevância à argumentação, segundo aquele autor, sempre predomina e aparentemente contém a força jurídica criadora e prudente que fornecerá êxito à justificação das decisões. Com tal poder, não se pode descuidar da argumentação, deixando-a livre ao irracional, sem um conjunto de regras que racionalizem sua execução.

Inicia-se, então, determinando esses lugares comuns, que em seguida podem ser ainda diferenciados em gêneros e espécies. Nascem assim os ***topoi***, definidos por Viehweg como "pontos de vista utilizáveis e aceitáveis em toda parte, que se empregam a favor ou contra o que é conforme a opinião aceita e que podem conduzir à verdade".[66] Concluindo sua análise da argumentação retórica, Aristóteles demonstra filosoficamente a criação e existência de um catálogo de *topoi*, sempre orientado por problemas e composto de certa quantidade de sensos comuns.

A ausência de hierarquização é vista por Atienza como uma jaça na tópica, pois "os tópicos devem ser vistos como premissas compartilhadas que têm uma presunção de plausibilidade ou que, pelo menos, impõem a carga da argumentação a quem os questiona. Mas o problema essencial que se coloca com seu uso é que os tópicos não estão hierarquizados entre si, de maneira que, para a resolução de uma mesma questão, seria necessário utilizar tópicos diferentes, que levariam também a resultados diferentes".[67]

Certamente pela sua natureza, o *tópos* ou *common sense* não comportam uma estruturação hierárquica, e em extremo apenas o que Viehweg qualificou de tópicas de **primeiro e segundo grau.** Em um primeiro momento (grau) é identificado um senso comum individual, que possibilita uma certa organização de *tópos* em série, rela-

---

66 Idem, p.27.

67 ATIENZA, Manuel. Op. cit., p.66.

cionados àquele primeiro. Aqui já se fala do *tópos* de segundo grau. Assim, isoladamente são considerados de primeiro grau e organizados como de segundo grau.

Para a tópica jurídica, a solução decisória de cada problema jurídico se seguir-se-á a partir da busca e discussão dos tópicos aplicáveis. E dentre o arsenal de *topoi* argumentativos que a tópica proporciona serão invocáveis, em cada caso, aqueles que resultem adequados e admissíveis em relação com o assunto de que se trate, sem que a decisão em favor de um ou de outro como preferente não se derive de nenhum tipo de hierarquia entre eles.

Apossando-se do exemplo de Tercio Ferraz, um *tópos* de primeiro grau seria, *v.g.*, a noção de interesse, de onde em segundo grau conseguiríamos as noções de interesse público, privado, legítimo, protegido etc.[68] São noções vagas, que se determinam de acordo com o litígio entre sociedade e indivíduo, indivíduo e Estado, tendo como centro a aporia do que é justo, aqui e agora.

E na literatura jurídica, tanto em doutrinas como em julgados dos tribunais, é comum encontrarem-se algumas expressões que facilmente são identificáveis como *topoi*. Portanto, expressões como *in dubio pro reo*, "o direito de um termina quando começa o do outro", "deve-se dar a cada um o que é seu", são alguns exemplos encontrados que se encaixam perfeitamente na noção de pontos de vista aceitos, "lugar-comum", ou *tópos* da chamada tópica.

6.7 PRINCÍPIOS E *TOPOI*: DIFERENCIAÇÃO

É imprescindível que após serem tratados dos conceitos doutrinários de princípios e *topoi* sejam delimitados seus alcances e sua forma de imposição, antes de se apreciar se efetivamente se configuram ou não determinantes metodológicos. Não seria possível a colo-

---

[68] VIEHWEG, Theodor. Op.cit., p.4.

cação prática destes entes, seja como método ou como técnica, se não soubéssemos distingui-los.

Diante das exposições acima, princípios e *topoi* não se confundem. Assim, não podemos aceitar a opinião de Luis Alberto Warat que em sua recriação da retórica equipara os *topoi* aos princípios gerais de direito.[69]

Quando se fala em *tópos*, lugares-comuns, fala-se apenas em posições, conclusões, pontos de vista que pela sua verossimilhança atuam como apaziguadores da discussão e conduzem para a solução do caso concreto. Portanto, os *topoi* adquirem sua aceitação pela concordância da maioria, ou ainda pela anuência dos "mais sábios". Os *topoi*, sem possuir nenhum critério de escolha, simplesmente se impõem pela conveniência e capacidade de pôr termo a uma parcela da discussão problemática. São antes de tudo noções ocas, vazias, rarefeitas que tomam corpo diante da necessidade e diante do problema.

Os princípios não se legitimam a partir da opinião de todos ou da maioria, mas, sim, dos valores, positivados ou não. Percebe-se nitidamente que possuem um conteúdo, corpo fixo. Para que não se repita o assunto tratado acima, apenas relembramos que o princípio, leitura dos valores, atua de forma irradiadora, contaminando a todos os subprincípios e a todas as regras do ordenamento, e atuam de forma a vincular as demais conclusões subordinadas a ele.

6.8 OS AVANÇOS DA CIÊNCIA DO DIREITO

Foram vistos, nas poucas linhas acima, os conceitos de sistema e tópica, bem como de princípios e *topoi*, identificando suas diferenças e importâncias. Surgem então algumas questões: a tópica ou a

---

69 WARAT, Luis Alberto. *Mitos e teorias na interpretação das leis*, p.86.

sistemática podem ser consideradas como metodologias a serem aplicadas na labuta do jurista? E é possível, na Ciência do Direito, adotar-se com congruência, completude e exclusividade somente uma das duas formas de pensamento?

Em princípio, devemos diferenciar os termos **método** e **técnica**. Segundo Tercio Ferraz, os dois não se confundem. Uma ciência pode utilizar variadas técnicas, mas somente pode adotar um método. Enquanto o método acolhe os critérios para selecionar as hipóteses em direção ao enunciado verdadeiro quanto ao objeto, a técnica pode ser definida como o conjunto dos instrumentos, variáveis conforme os objetos e temas.[70]

O que se pode perceber é que o trabalho sistemático possui a roupagem de metodologia, porquanto reconhece uma ordem normativa existente e conseqüentemente seus valores principais, garantindo a univocidade e a unidade do ordenamento. E disso, a Ciência do Direito, como ciência, depende para a concretude de seu mister. No cerne de um trabalho sistemático – a metodologia – podemos nos valer da tópica – uma técnica – em certos casos em que sua aplicação se faz necessária.

Tomando-se, então, a contingência técnica dentro do fator metodológico, é perfeitamente possível a adequação da tópica e da sistemática na Ciência do Direito. O próprio Viehweg, em sua obra *Topik und Jurisprudenz,* aponta o desenvolvimento tópico como uma *techne*, um "estilo" de pensamento. Deve-se firmar concordância com Tercio Ferraz quando escreve que "a tópica vinculada à jurisprudência fez desta menos um método e mais um estilo de pensar, que dizia respeito mais a aptidões e habilidades e que se reproduzia por imitação e invenção, à medida que constituía, para os juristas, uma atitude cultural de alto grau de confiabilidade em suas tarefas práticas".[71] E quando Viehweg apresenta suas linhas acaba por tomar a parte pelo todo ao limitar o gênero "pensamento sistemático" aos contornos de uma de suas espé-

---

70 FERRAZ JR., Tercio Sampaio. *A ciência do direito*, p.11.

71 FERRAZ JR., Tercio Sampaio. *Introdução ao estudo do direito*, p. 323.

cies, qual seja o pensamento axiomaticamente orientado. Como se vê, a rejeição do pensamento sistemático opera, para Viehweg, num quadro fortemente delimitado. Significa, portanto, para o autor, a rejeição apenas ao pensamento axiomaticamente orientado, sistema lógico-formal ou axiomático-dedutivo e, portanto, não à sistemática em si.[72]

Por outro lado, os mais fiéis defensores do pensamento sistemático não descartam de todo a tópica. Canaris encontra campo para sua utilização na determinação valorativa, "sempre que faltem valorações jurídico-positivas suficientemente concretizadas".[73] Na ausência da valoração legal, a tópica pode auxiliar a endereçar o jurista dentro do ordenamento, para que por ele e pelo sistema encontre seu rumo. Um dos casos em que seu mérito é reconhecido é quando na identificação de lacunas ou antinomias reais se entrega ao intérprete a incumbência de identificar e aplicar os pontos de vista em face do problema, e em termos tópicos, encontrar a solução. A tópica e a sistemática não estão isoladas, mas, sim, se interpenetram mutuamente.[74]

Concordante com a importância do pensamento tópico, em especial no preenchimento de lacunas, está Maria Helena Diniz, que chega a ponto de afirmar que diante da inexistência daquele, seria quase impossível num conflito de posições, a constatação e o preenchimento de lacunas em nosso Direito.[75] E é exatamente esta a preocupação dos filósofos da argumentação: argumentar em um sistema aberto.[76]

Assim, em resposta às indagações formuladas, mostra-se evidente a coexistência entre os pensamentos tópico e sistemático, além da impossibilidade do cientista operar sem que se valha de ambos. E, como já avultado acima, isto ocorre em função da deferência que se presta à **decidibilidade** no Direito. É certa a ponderação de Tercio Ferraz, quando assevera que "envolvendo sempre um problema de

---

72 MARTINS-COSTA, Judith. Op.cit., p.362.
73 CANARIS, Claus-Wilhelm. Op. cit., p.269.
74 Idem, p. 273.
75 DINIZ, Maria Helena. *As lacunas do direito*, p.130.
76 KAUFMANN, Arthur. *Filosofía del derecho*, p.87.

decidibilidade de conflitos sociais, a Ciência do Direito tem por objeto central o próprio ser humano que, pelo seu comportamento, entra em conflito, cria normas para solucioná-los, decide-o, renega suas decisões, etc. Para captá-lo, a ciência jurídica se articula em diferentes modelos, determináveis conforme o modo como se encare a questão da decidibilidade. Cada um destes modelos representa, assim, uma efetiva concepção do ser do homem, como centro articulador do pensamento jurídico".[77]

O cientista jurídico deverá utilizar os recursos disponíveis para garantir à sua ciência a efetividade, de forma que a vinculação dos conceitos e enunciados jurídicos ao "problema" não permitam a formação de cadeias dedutivas que percam de vista a circunstância concreta. O estilo de pensar tópico flexibiliza a formação conceitual abstrata necessária ao pensamento sistemático (lógico-dedutivo). Mais do que isso, sempre tendo em mente o "problema" impede-se a formação de um pensamento limitado às operações de dedução e redução, como ocorre com a atividade da pura subsunção.

Com isso não se quer afirmar um desprezo à aplicação de um raciocínio lógico que certas regras jurídicas demandam, e que se realiza por meio de atividade, ou operação mental, da subsunção diante da abstração da norma.[78] Porém, em determinadas situações, a norma pode não se apresentar com esta evidência, ensejando outra solução que não a de índole sistemático-dedutiva. Nestas situações, na qual não há uma única solução possível, ou a solução aparente não se mostra a mais indicada, o jurista se defrontará com o que Viehweg denomina de problema.[79]

É consoladora a conclusão de Judith Martins-Costa, que também se pode encontrar em Larenz, Canaris e Engisch, quando reconhece a necessidade de uma interação entre dedução e indução, entre o sistema e o caso, entre o método sistemático e o método tópico.

---

[77] FERRAZ JR., Tercio Sampaio. *A ciência do direito*, p.47.
[78] MARTINS-COSTA, Judith. Op. cit., p.364.
[79] Idem, p.366.

Tendo-se esta consciência é possível compreender como dentro de uma estrutura formal, a exemplo do direito codificado, constantemente nos deparamos com emersões de elementos problemáticos, que acabam por ser sistematizados.

Sistematização e problematização (assistematização) mantêm uma estrutura dialética que sustenta um modelo aberto de sistema, eis que tendente à permanente reinserção dos novos elementos e posterior ressistematização.[80]

6.9 CONCLUSÃO

Hodiernamente é predominante a corrente doutrinária que encara a pesquisa do jurista como tarefa científica, e não arbitrariamente, mas, sim, calcada nos progressos obtidos na indicação do objeto e da metodologia de sua ciência. Devemos reconhecer o papel da Filosofia do Direito, principalmente da corrente humanista que, recolocando a necessidade de posicionamento do ser humano e seus atos no centro da discussão jurídica, permitiu avanços incomensuráveis à Ciência do Direito. Nas palavras de Protágoras, *o homem é a medida de todas as coisas.*

Esta recolocação nos mostra a importância da decidibilidade na pesquisa a ser elaborada, e que as lucubrações formais e desprovidas de conteúdo não mais são suportáveis ao jurista, que enquanto desenvolve seu mister, retoma a vinculação do conceito do justo ao conceito de direito.

Por isso, são dignas as preocupações filosófica e científica quanto ao método e as técnicas de trabalho do jurista, e desta preocupação surgem colaborações inestimáveis que, fundidas aos já existentes trabalhos, satisfazem um pouco mais a eterna busca da perfeição. Ao pensamento sistemático inicial, apenas axiomático-dedutivo, contrapôs-se a

[80] Idem, p.377.

tópica de Viehweg, que se não atingiu suas pretensões de olimpo jurídico, abriu importantes horizontes em direção à percepção da verdade. Aos seus opositores coube reformular o conceito sistemático, que em sua nova roupagem reconheceu o valor da tópica, e não a repugnou displicentemente. De Kant a Hegel, de Kelsen a Viehweg, de Stammler a Cossio, vimos pensamentos que contundente ou suavemente procuraram definir os objetos e métodos que mais se prestassem às satisfações sociais. E o labor tem o seu prosseguimento nas mãos de Larenz, Canaris, Bydlisnki e tantos outros que ainda estão por vir.

Graças ao brilhantismo destes autores, aplicadores e cientistas do Direito possuem instrumentos adequados, como os princípios e os *topoi* que, mais do que identificados como necessários, foram aquinhoados com seus espaços e parcelas de pertinência, pois não se pode pretender que a exclusividade de um ou outro atenue a complexidade das teorias jurídicas.

Devendo ser o Direito encarado não apenas como um ordenamento, mas como um sistema jurídico, conferimos aos princípios a função de baldrame indispensável da normatização social. Mas apesar de os princípios possuírem um papel vital para a construção e unidade do sistema, encontramos espaços destinados aos *topoi*, sempre que a construção sistemática-dedutiva não seja suficiente à resolução do problema ou caso concreto específico.

Destarte, o que se nota dentro da Ciência do Direito é a coalizão do pensamento sistemático e do pensamento tópico, da interação dos princípios e dos *topoi*, uns unificando e solidificando o ordenamento jurídico, outros fornecendo sinalizações de retorno aos rumos, colimando a produção ou aprovação de um Direito que atue em conformidade com o bem comum.

6.10 BIBLIOGRAFIA

AGUILLAR, Fernando Herren. *Metodologia da ciência do direito*. 2.ed. São Paulo, Max Limonad, 1999.

ALPA, Guido. *I principi generali*. Milão, Giuffrè, 1993.

ARISTÓTELES. *Poética. Organon. Política. Constituição de Antenas*. São Paulo, Nova Cultural, 2000 (col. Os pensadores).

ATIENZA, Manuel. *As razões do direito:* teoria da argumentação jurídica. São Paulo, Landy, 2000.

BOBBIO, Norberto. *Teoria della scienza giuridica*. Turim, G. Giappichelli, 1950.

________. *Dalla struttura alla funzione*. Milão, Edizione di Comunità, 1984.

BODENHEIMER, Edgar. *Ciência do direito:* filosofia e metodologia jurídicas. Rio de Janeiro, Forense, 1966.

CANARIS, Claus-Wilhelm. *Pensamento sistemático e conceito de sistema na ciência do direito*. 2.ed. Lisboa, Fundação Calouste Gulbenkian, 1996.

DINIZ, Maria Helena. *A ciência jurídica*. São Paulo, Saraiva, 1998.

________. *As lacunas do direito*. 6.ed. São Paulo, Saraiva, 2000.

ENGISCH, Karl. *Introdução ao pensamento jurídico*. 2.ed. Lisboa, Fundação Calouste Gulbenkian, 1965.

FALZEA, Angelo. *Ricerche di teoria generale del diritto e di dogmatica giuridica*. Milão, Giuffrè, 1999.

FERRAZ, Esther de Figueiredo. "A orientação filosófica de João Mendes Junior". In: REALE, Miguel. *Ensaios de filosofia do direito*. São Paulo, Saraiva, 1952 (col. Direito e cultura).

FERRAZ JR., Tercio Sampaio. *A ciência do direito*. 2.ed. São Paulo, Atlas, 1980.

________. *Introdução ao estudo do direito*. 3.ed. São Paulo, Atlas, 2001.

GRAU, Eros Roberto. *O direito posto e o direito pressuposto*. 3.ed. São Paulo, Malheiros, 2000.

HABERMAS, Jürgen. *La Ética del discurso y la cuestión de la verdad*. Barcelona, Paidós, 2003.

HARTMANN, Nicolai. *Ontologia I*. México, D.F., Fondo de Cultura Económica, 1986.

________. *Ontologia II*. México, D.F.: Fondo de Cultura Económica, 1986.

ITALIA, Vittorio. *Principi generali e principi determinati dalla legge*. Milão, Giuffrè, 2000.

JAEGER, Werner. *Paidéia: los ideales de la cultura griega*. México, D.F., Fondo de Cultura Económica, 1957.

KANT, Immanuel. *Fundamentação da metafísica dos costumes e outros escritos*. São Paulo, Martin Claret, 2002.

________. *Lógica*. Rio de Janeiro, Tempo Brasileiro, 1999.

KAUFMANN, Arthur. *Filosofía del derecho*. Colombia, Universidad Externato de Colombia, 1999.

KELSEN, Hans. *Teoria pura do direito*. São Paulo, Martins Fontes, 1998.

________. *Teoria geral do direito e do Estado*. São Paulo, Martins Fontes, 2000.

LARENZ, Karl. *Metodologia da ciência do direito*. 3.ed. Lisboa, Fundação Calouste Gulbenkian, 1997.

LOTUFO, Renan (coord.). *Cadernos de Teoria Geral do Direito*. Curitiba, Juruá, 2001.

LUHMANN, Nicklas. *Sociedad y sistema*: la ambición de la teoria. Barcelona, Paidós, 1997.

MACHADO NETO, A. L. *Teoria da ciência jurídica*. São Paulo, Saraiva, 1975.

MARTINS-COSTA, Judith. *Boa-fé no direito privado* : sistema e tópica no processo obrigacional. São Paulo, RT, 1999.

MAYER, Max Ernst. *Filosofía del derecho*. Barcelona, Labor, 1937.

MENDONÇA, Jacy de Souza. *O curso de Filosofia do Direito do professor Armando Câmara*. Porto Alegre, Sergio Fabris Editor, 1999.

PERELMAN, Chäim. *Ética e direito*. São Paulo, Martins Fontes, 1996.

RECASÉNS SICHES, Luis. *Tratado general de filosofía del derecho*. 15.ed. México, D.F., Porrúa, 2001.

RUSSO, Eduardo Angel. *Teoria general del derecho en la modernidad y en la posmodernidad.* 2.ed. Buenos Aires, Abeledo-Perrot, 1997.

SAVIGNY, Friedrich Karl von. *Metodología jurídica.* Buenos Aires, Depalma, 1994.

VIEHWEG, Theodor. *Tópica e jurisprudência.* Trad. Tercio Sampaio Ferraz Jr. (Trad.) Brasília, Imprensa Nacional, 1979.

________. *Tópica y filosofía del derecho.* Barcelona, Gedisa, 1997.

VON KIRCHMANN, Julius Hermann; WOLF, Erik. *Il valore scientifico della giurisprudenza.* Milão, Giuffrè, 1964.

WARAT, Luis Alberto. *Mitos e teorias na interpretação das leis.* Porto Alegre, Síntese, 1979.

WELZEL, Hans. *La dottrina giusnaturalistica di Samuel Pufendorf.* Turim, Giappichelli, 1993.

WOLF, Erik. *El caracter problemático y necesario de la ciencia del derecho.* Buenos Aires, Abeledo-Perrot, 1962.

Este livro foi impresso
no processo CtP pela
Ferrari Editora e Artes Gráficas
em Março de 2006